LA FIN DU TOUT-VOITURE

Ouvrage publié sous la direction
de Martina Wachendorff

DU MÊME AUTEUR

UNE BRÈVE HISTOIRE DU CLIMAT, Éditions Jean-Claude Béhar, 2008.
QUELLE FRANCE EN 2030?, Armand Colin, 2009.
ATLAS DU CHANGEMENT CLIMATIQUE, Autrement, 2009, 3e édition.
LA FABRIQUE DE NOS PEURS, François Bourin Éditeur, 2010.
LA BIODIVERSITÉ, C'EST LA VIE!, Hoëbeke, 2010 ; avec Denis Cheissoux.
LES NOUVELLES POLLUTIONS INVISIBLES, Delachaux et Niestlé, 2011.
LA DICTATURE DU CARBONE, Fayard, 2011.
OGM : LE VRAI DU FAUX, Delachaux et Niestlé, 2013.

ISBN 978-2-330-02302-7

Frédéric Denhez

LA FIN DU TOUT-VOITURE

Essai

ACTES SUD

I got a sixty-nine Chevy with a 396
Fuelie heads and a Hurst on the floor
She's waiting tonight down in the parking lot
Outside the Seven-Eleven store…

BRUCE SPRINGSTEEN,
Racing in the Street, 1978

SOMMAIRE

PROLOGUE

Il avait neigé. Il neigeait encore un peu. Les flocons étaient gros, ils tombaient lentement, godillant comme des feuilles posées sur l'eau. Assise sur mes épaules, ma fille jouait à les attraper pour les faire fondre. Dans la lumière jaune des vieux réverbères, ils s'affalaient sur un manteau que la nuit avait eu le temps de jeter sur la chaussée. On n'y distinguait plus le pli de la bordure, ni le pan du trottoir. Plongé dans la neige épaisse, le genou se fatiguait à hisser le mollet. Il était 8 heures du matin et il faisait encore noir. Décembre s'achevait sous une météo enfin convenable pour le père Noël. Le pas abandonnait des crevasses. Les autres piétons n'étaient que des formes dont on ne pouvait voir le visage. Elles étaient nombreuses. Grandes. Décidées. Adultes. Sur ce chemin des écoliers il n'y avait pas d'enfant, car il n'y avait pas école, c'était le début des vacances. Les spectres se rendaient à leur travail, à pied. Ils s'étaient extirpés de leurs autos qui ne pouvaient plus rouler. Même les 4x4, nombreux dans cette ville argentée, étaient ce matin invisibles. Les piétons marchaient en levant les cuisses, là où hier encore il y avait des trottoirs. Ils allaient, emmitouflés, de part et d'autre d'une sorte de rivière molle qui semblait les séparer comme une frontière taboue. Soudain, l'un d'entre eux, et ce n'était pas moi, s'arrêta un instant, puis se dirigea vers le *no man's land*. Et il marcha, là où, hier, il y avait encore une rue… Alors, après un moment où les autres s'étaient figés, gelés par l'observation d'une telle incongruité, tous décidèrent d'investir aussi le monde interdit. Et les piétons marchèrent ensemble sur la route. Ils l'investirent. Nous occupâmes tout l'espace, et, nous croisant, nous nous regardâmes en souriant. C'est à ce moment que j'entendis le silence. Je n'étais plus contraint sur mon trottoir, dans le virage je n'avais plus peur d'être frappé par un rétroviseur, mes sens s'étaient débarrassés de leurs entraves habituelles. J'étais mûr. J'entendis que je n'entendais rien. Il n'y avait aucun bruit. Juste le craquement de la neige écrasée, venant des chaussures de dizaines de citoyens de la bonne ville de Brunoy, sise au nord de l'Essonne, découvrant par l'absence de l'auto à quel point celle-ci était oppressante.

Quelques jours après, l'ennemi revint, n'attendant même pas que la fonte fût achevée. Les êtres humains se rangèrent sagement sur leurs trottoirs. Les oreilles se fermèrent à nouveau. Sur le pont, chacun se gardait près de la rambarde, de peur d'avoir la tête emportée par les rétroviseurs des bus. Devant la gare et la boulangerie, les voitures s'étaient remises à tourner, en quête d'un parking. Effrayés par les 4x4 et les grosses familiales, les vélos recommencèrent à longer les bordures. Sur la route de Paris, les embouteillages reprirent leur service. Dans le RER, les gens toussaient.

Cette scène m'a beaucoup marqué. J'ai vu des gens découvrir l'absence de l'auto. J'ai vu des gens se rendre compte, avec stupéfaction et bonheur, que la ville était plus simple sans elle. J'ai vu aussi que cela n'a pas duré longtemps. Brunoy, comme tant d'autres villes de banlieue, s'est prostituée à la voiture. Elle s'est donnée à son agressivité. Car durant ces jours sans, c'est bien cette violence incarnée dont les marcheurs se sont rendu compte. Il n'y avait plus le bruit, ni la menace, ni l'odeur. Il y avait juste des pieds pour marcher.

Brunoy est une ville cossue, posée au pied de la forêt de Sénart, à vingt minutes de RER de la gare de Lyon, à Paris. Malgré son statut recherché, le calme de ses façades, celui de sa rivière, ses rues provinciales, son musée sympathique, ses arbres hauts, ses vastes propriétés d'un autre temps, la voiture y règne en maîtresse absolue. Vous ne croiserez personne en vélo dans le centre-ville : les parents l'interdisent aux enfants. Vous n'y croiserez de bus qu'aux heures de pointe. Vous y verrez, chaque matin, des voitures s'agglutiner sur la N6 qui va vers la capitale. Vous y verrez aussi des milliers de Brunoyens qui, courant du bus juste arrivé, de l'auto à peine garée en double file, vont s'agglutiner dans le RER sale et triste. S'ils ont de la chance, car depuis des années, c'est rare que ce RER soit à l'heure. Lorsque cela se produit, la "radio ligne D", en diffusion permanente sur les quais (ainsi que sur smartphone, pour les fans), un bulletin de trafic tous les quarts d'heure, le précise avec gaieté : "Eh bien, il n'y a rien à signaler sur le RER ce matin." En principe, les trains arrivent à l'heure. Lorsqu'ils sont en retard, on prévient les usagers. Sur le RER D, c'est l'inverse. La normalité se faisant rare, en raison de la vétusté de la ligne, il ne faut pas rater l'occasion de dire quand elle est revenue !

Le soir, les derniers RER rentrant de Paris sont accueillis par des agents, ce qui rassure, et des gros chiens tenant en laisse leurs vigiles, ce qui surprend. Les gens, nombreux, en descendent en compagnie de la milicienne police ferroviaire, qui, régulièrement, fait des patrouilles dans les trains la nuit. En sept ans de voyages réguliers, à toute heure, je n'ai pourtant jamais eu le sentiment d'avoir eu peur. J'ai souvent attendu, par contre. Et parfois regretté de n'avoir point d'automobile. Certains ont franchi le pas, allant à l'envers : du RER à la voiture, où, au moins, on est au calme et dans le confort de chez soi.

Amoureux de l'auto lorsqu'elle est belle et roule seule sur une petite route qui tourne et donne à voir, je suis encore ému de regarder pour la centième fois *Cars*. Je considère *Wall-E* comme un chef-d'œuvre insurpassable, mais mes trois enfants préfèrent *Cars*. L'auto exerce une fascination instinctive sur les petits. Je ne peux m'empêcher de vouloir l'Aston Martin de James Bond dans *Casino Royale* version 2. Je ressens la musique si particulière de la "Chevy 69" dans la voix de Bruce Springsteen chantant *Racing in the Street*. Je suis dans la Bugatti Royale qui emmène Boro à Berlin dans sa première aventure contée par Dan Franck et Jean Vautrin. La traction avant, la 2CV, la 4L, la DS, ce sont quand même des œuvres d'art.

J'ai longtemps déroulé les routes communales lorsque mon travail de journaliste m'emmenait dans des contrées à décrire. Je n'ai pourtant plus de voiture. J'y ai renoncé. J'en avais marre d'être inattentif, insultant, de pousser les rapports, de m'agrandir les narines à force d'y plonger les doigts dans les bouchons, de monter dedans (dans l'auto, pas dans mes narines) juste pour aller acheter le pain. Et encore, je l'utilisais peu ! Je suis un marcheur. J'habite en centre-ville. L'auto n'a jamais été qu'un outil. Trop cher. Ridiculement cher. Pourquoi s'endetter pour une voiture neuve qui perd le cinquième de sa valeur aussitôt qu'elle sort du concessionnaire, et coûtera *in fine* le double de son prix d'achat à cause de l'entretien et de l'essence ? Pourquoi dépenser du carburant pour des trajets qu'on peut faire autrement ? Pourquoi avoir une auto dimensionnée pour les seules vacances ? Pourquoi polluer autant ? Sans auto, on fait tout autrement. Sans stress ni anxiété.

Je suis un amoureux du train. Cela fait trente ans que je l'emprunte chaque semaine. Le Train bleu, le Capitole, le Corail, j'ai grandi avec. J'ai habité deux fois près d'une gare. Mes enfants sont autant fascinés par le train que l'auto. Ils sont habitués à marcher jusqu'aux gares. Dans le train, ils peuvent encore marcher. Le train est un formidable calmant. On y est un peu chez soi, assis, on n'a rien d'autre à y faire que se laisser aller : le paysage défile et emporte les mauvaises pensées, il alimente les bonnes. Le train est l'objet de l'écrivain. On y monte sans contrôle d'identité ni radiographie, sans avoir à ôter ses chaussures et sa ceinture, depuis une gare à laquelle on accède par un autre train. Même dans la bétaillère-RER, si peu respectable, on voit le monde depuis le sien. Lorsqu'il y a une galère, après un moment de stupeur individualiste, les usagers s'entraident. Je n'ai jamais vu de salopards dans le RER. En voiture, j'ai croisé beaucoup d'abrutis, et même des connes. La voiture, comme le PSG, rend con, tout simplement.

Je n'ai plus d'auto, j'en loue une lorsqu'il le faut, j'en partage une autre avec une mienne amie parisienne, pour faire ces terribles taxis du samedi, quand les enfants vont au sport et que le bus, le samedi, est rangé dans son hangar. On peut vivre en banlieue avec trois enfants sans posséder une auto diesel neuve. Une paire de chaussures, une trottinette, un carnet de tickets de RER et de métro, c'est tout ce qu'il faut. Si l'on habite à une dizaine de minutes à proximité de la gare, vingt minutes maxi. Au-delà, c'est la peine maximale, évidente, à laquelle nul ne peut échapper : l'auto.

J'aime l'auto lorsqu'elle est belle, j'ai appris à la haïr pour la laideur qu'elle a entraînée dans son sillage et la façon qu'elle a, toujours, de mépriser les autres usagers de la voirie. Pour qu'elle puisse rouler vite, il a fallu détruire, couper, aplanir, isoler, rectifier, remembrer de la terre agricole, des forêts, des villages. La voiture, le frigo, l'hypermarché, voilà la Sainte-Trinité de l'étalement urbain, rejoint il y a quelques années par le coût du foncier. Le quatuor infernal avale les gens, les recrache dans une auto pour qu'ils puissent habiter loin, toujours plus loin, là où c'est moins cher. Là où c'est plus cher, en vérité, vu le coût de l'auto.

L'auto n'est plus tout à fait un rêve, un totem social. Elle est un mal nécessaire. Contre lequel le même citoyen automobiliste se bat en élisant des maires, des conseillers généraux et régionaux qui, tous, ont descendu l'icône de son piédestal, pour le mettre plus bas que le tramway, le bus et même le vélo. Car si la voiture de tous les jours est un gouffre, elle l'est aussi pour la société. L'auto coûte en obésité, en allergies, en stress, en fatigue, en accidents, en morts ; elle coûte en terres agricoles perdues, en accroissement du ruissellement de l'eau, en risques d'inondation ; elle coûte en pollution de l'air, en bruit ; elle coûte en encombrement, en bouchons, en voirie. En temps perdu et en paysages gâchés. Dans les documents d'urbanisme de la République française, renforcés par les lois dites "Grenelle", appuyés par les directives européennes, la circulation routière est l'ennemi désigné. Tout doit lui être préféré. Comme partout en Europe, au nord du continent en particulier, où l'auto ne se sent pas chez elle en zone urbaine.

Et voilà qu'en France Peugeot se met à flancher. Ce pilier de la manie tricolore de la mono-industrie, dirigé par cette manie française de recruter les chefs dans les mêmes écoles que les ministres, ferme l'usine emblématique d'Aulnay-sous-Bois. Depuis, les Français revivent le drame de la mine, de la sidérurgie, du textile. D'autres mono-industries, qui faisaient vivre des régions entières, ont été sacrifiées par une réalité que personne n'avait envie de voir tant que cela arrangeait syndicats, politiques et patrons. L'automobile française est menacée de disparition, et avec elle un pilier de la mémoire collective. En plus d'être une icône, l'auto est, depuis André Citroën, un étai de l'industrie nationale et un ferment du mythe ouvrier. Réduite à l'état de produit par les directeurs financiers et les ingénieurs obnubilés par la massification et le coefficient de pénétration dans l'air, l'auto commune ne fait plus rêver comme en son temps la DS et la 504. Elle est devenue une bagnole, qui ne se vend plus.

Les constructeurs, les politiques, les journalistes spécialisés tentent de nous vendre un futur électrique pour continuer le mythe. Les mêmes nous avaient promis que le diesel était l'avenir parce que moins polluant, parce que plus économe. Grâce à ce formidable succès marketing, le contribuable a financé des subventions, qualifiées d'écologiques, pour lui faire acheter des voitures en réalité très polluantes, impossibles à amortir, qui seront demain taxées au motif qu'elles ne sont pas écologiques. La stupidité des dirigeants français connaît peu de limites. Mais l'avenir sera électrique, alors… nous nous embouchonnerons dans le silence et sans fumées. Une victoire.

La voiture mérite mieux que cela. Elle reste un formidable objet de liberté, un fascinant moyen de découverte et d'accessibilité, elle sera évidemment toujours aussi indispensable dans les zones les moins denses, à la campagne, partout où ne vivent pas assez de gens pour justifier un arrêt de bus. Qu'on se le dise : en dehors des villes, personne ne peut se passer de voiture. Si demain la voiture y était interdite, ou si, plus probable, son coût en condamnait l'usage, ce sont des millions de citoyens qui se retrouveraient prisonniers de leurs maisons, le temps (long) qu'ils trouvent des solutions – elles sont nombreuses – pour partager leurs véhicules afin d'en réduire les frais et de travailler à la maison pour avoir moins souvent à tourner la clé de contact. Après tout, on vivait comme cela quand la voiture et l'essence étaient chères ! Mais qui a envie aujourd'hui d'être physiquement enfermé dans son village !? L'entre-soi lasse, pèse, étouffe ; aller au cinéma, même au complexe commercial d'à côté, est indispensable à l'équilibre de chacun.

Dans les zones denses, au contraire, la voiture individuelle avec une seule personne dedans sera proscrite. C'est inéluctable. Proscrite non pour ce qu'elle est, mais pour la place qu'elle prétendra toujours occuper. L'auto aura toute sa place, demain. Mais elle n'aura plus toute la place. Elle sera moins possédée, plus louée, partagée. Elle sera un mode de transport comme un autre, pertinent à une certaine échelle, pour certains trajets.

Le tramway n'est pas l'ennemi de la voiture individuelle. Il est son complément. Il est en fait son avenir. L'ère du tout-voiture, c'est à nous d'en inventer la suite. La voiture a saccagé les paysages, aujourd'hui elle doit s'adapter à des territoires qui ne seront plus conçus pour elle seule. L'habitat lointain porte le risque de se transformer en ghetto énergétique avec la hausse des kilowattheures. Le manque de terres agricoles fertiles impose de conserver celles qui pourraient être métamorphosées en lotissements. La réduction des risques sanitaires exige une meilleure qualité de l'air, amoindrie par le tout-diesel. Le règne de l'auto est terminé, et c'est pour cela que j'ai écrit ce livre.

Pourquoi et comment l'auto est-elle devenue un mythe ? Pourquoi et comment est-elle en train de n'en être plus un, si ce n'est celui d'un monde déjà ancien ? Que sera-t-elle demain ? Comment nous déplacerons-nous dans dix ans, autrement qu'en idées reçues (ah, la voiture électrique…) ?

Voilà tout ce que m'a inspiré un lundi de neige, sur le chemin de la nounou de ma fille.

I

COMMENT LA VOITURE EST NÉE, POURQUOI L'ESSENCE A GAGNÉ… À L'ARRACHÉ

La diligence qui, le 26 septembre 1834, démarra du rond-point des Champs-Élysées n'était pas tirée par un cheval. Après seulement dix-sept minutes de route, elle s'arrêta pourtant à Neuilly afin de s'abreuver. Elle grimpa aussi la sévère côte de Saint-Germain en soufflant des nuages de vapeur avec de grands bruits d'effort. Le temps qu'elle mit pour stopper enfin dans le parc du château de Saint-Germain valait bien celui d'une monture, certes un peu véloce : une heure et quart, pour faire vingt petits kilomètres, c'était là une très belle moyenne. D'autant que la diligence était vraiment grosse. Double, même : deux voitures la composaient. Tirées non par des quadrupèdes élevés pour ce faire, mais par de forts irritants chevaux… vapeur, que l'honorable Charles Dietz, ingénieur germain et en ce jour pilote de l'étrange équipage, avait réussi à faire galoper dans la chaudière de son "remorqueur à vapeur à trois roues". "Protée", avait-il baptisé la machine, du nom d'un bien curieux amphibien "néoténique", adulte dans un corps d'enfant, et d'un dieu qui possédait l'art de dire l'avenir. Peut-être l'honorable Dietz avait-il souhaité illustrer qu'en réduisant les chevaux à leur force, il était parvenu à transformer la diligence infantile en une œuvre technologique mature qui promettait la conquête du futur. Une auto-mobile, donc, qui circula avec régularité entre Paris et Saint-Germain, puis entre Paris et Versailles, jusqu'à ce que l'arrivée du train l'année suivante n'en détournât la clientèle.

FIN XIXe-DÉBUT XXe SIÈCLE : L'ÉLECTRICITÉ REMPORTE TOUS LES CONCOURS

Soixante ans plus tard, Paris vécut d'étonnantes journées sans vapeur durant la première quinzaine de juin 1898. Entre le 1er et le 12, douze "fiacres automobiles" se mesurèrent dans les rues de la capitale pour décrocher les très fameux prix décernés par l'Automobile Club de France. Fondée en 1895 par deux constructeurs, Albert de Dion et Georges Bouton, l'adresse de cette "société d'encouragement", place de la Concorde, signifiait assez l'importance déjà acquise par l'automobile dans l'imaginaire français, et la place primordiale des industriels tricolores sur l'encore tout petit marché mondial. Paris, capitale incontestée du moteur à quatre roues, siège d'innombrables clubs et compétitions, allait, en 1900, réunir le premier Congrès international d'automobilisme, et huit ans plus tard la première Conférence internationale sur la circulation. En attendant, la même année que la première Exposition automobile, la ville accueillait donc ces douze journées.

C'était un grand concours : neuf itinéraires, un minimum de 60 km à parcourir chaque jour durant seize heures dans le plus grand confort pour les passagers. Les fabricants se colletèrent entre eux pour démontrer que leurs modèles de "véhicules de place", de fiacres, de taxis étaient les plus fiables, les plus endurants, les plus économiques et les plus confortables. Sur les vingt-six machines inscrites, il n'y en eut plus que douze au départ. Une seule était équipée d'un moteur à "essence de pétrole". Les onze autres étaient mus par l'électricité. C'est avec deux de ces auto-mobiles sans fumée ni vapeur que MM. Krieger et Jeantaud remportèrent les deux prix, le premier dans la catégorie "coupé à galerie", le second dans celle des "cab". Étranges objets… protéiformes, décidément, que ces primo-voitures qui, grossièrement, consistaient en des fiacres dont on aurait simplement remplacé l'attelage par un moteur plus discret. Un moteur électrique, car pour le jury du concours, la mécanique à pétrole ne fit pas la démonstration de son intérêt économique en ville. Trop cher. Sans parler de sa pollution.

Un an après, la très grande majorité des taxis parisiens conduisait des véhicules électriques, dont beaucoup étaient équipés de batteries amovibles. Le marché était si considérable que la Compagnie générale des voitures, le géant de l'époque, avait installé près de son usine d'Aubervilliers un parcours spécifique de formation pour ses conducteurs, avec des pentes, des pavés en pierre ou en bois, de la boue, des ornières, de l'eau et des silhouettes d'enfants. Krieger implanta dans la capitale des stations de recharge pour ses modèles : on s'y branchait ou bien l'on échangeait ses batteries vides contre des pleines. Usinés par Krieger, Jeantaud et quelques autres fabricants, des dizaines de modèles de véhicules électriques étaient proposées sur catalogues et dans les publicités des journaux aux clients, professionnels et particuliers. L'électricité promettait un avenir à la Jules Verne, moins expectorant que le récent moteur à explosion et les chaudières des trains.

LA VAPEUR DU CHARBON

Révélée par les courses, la concurrence était rude entre l'électricité, la vapeur et le pétrole. Les taxis et les camionnettes des grandes métropoles avançaient à l'électron. Les moteurs à essence étaient minoritaires. Vingt mille chevaux tiraient encore diligences et tramways à Paris et à Berlin, des capitales qui ressemblaient par endroits à des écuries géantes, odeurs comprises.

L'histoire de la voiture sans chevaux est intimement liée à celle de la vapeur et donc du charbon. En Europe, dès le début du Moyen Âge, nous avons exploité ce "charbon de terre" (l'autre, c'était le charbon de bois), plus calorique, mais aussi plus sale que le bois. Quelques esprits poètes s'amusaient à regarder les feux que ces combustibles donnaient, se plaisant à suivre des yeux les braises et les poussières soulevées dans l'âtre par l'air chaud, qui n'était que l'air froid du doux logis aspiré par le feu et chauffé par lui. Un feu échauffait donc, il en déplaçait un fluide, en l'occurrence l'air. Il exerçait donc une force. Se pouvait-il que l'on pût s'en servir ? Le Britannique Thomas Savery fut le premier à répondre positivement à la question : il est l'auteur, en 1698, de la première “pompe à eau thermique” de l'histoire. Dans son pays, où l'on exploitait les mines de charbon depuis le XIVe siècle, l'inondation des galeries de mines nuisait au bon rendement des entreprises exploitantes. Il fallait perdre du temps à la remonter sans cesse.

Avec sa machine à charbon, Savery remplaçait un ou deux chevaux chargés d'entraîner des norias. L'eau n'était plus relevée, mais pompée. Denis Papin, en 1707, en France, ajouta quelques pour cents de chevaux supplémentaires. Thomas Newcomen (en 1712) et surtout James Watt entre 1765 et 1782 firent beaucoup mieux. Ils réussirent à augmenter le rendement de la machine jusqu'à en faire l'indispensable auxiliaire de l'exploitation de son propre combustible : la machine à vapeur n'a pu exister que par le charbon, et le charbon n'a pu remplacer le bois dans les foyers de l'Europe que par la vapeur. La première révolution industrielle est avant tout celle de la vapeur d'eau.

Elle repose sur un principe tout simple. La vapeur pousse, sa condensation tire, par dépression, un piston dont le mouvement de va-et-vient ainsi créé est transmis à un bras ou à une roue qui fournit un travail (nous résumons). Pourquoi ne pas envisager que celui-ci soit un déplacement ? Après tout, il suffirait de relier au moins trois roues à notre piston, et la charrette serait auto-mobile. Mais les machines à vapeur étaient incroyablement lourdes et leur rendement désespérément faible : jusqu'à ce que James Watt ne s'en mêlât, elles consommaient une quantité extravagante de combustible pour un travail fourni assez faible. Le rendement énergétique de la machine de Watt était de 4 % – seulement ! C'était énorme, en réalité, car il faut le comparer au 0,1 % à peine de la machine de Savery et au 0,5 % sans doute de la Newcomen. Quatre pour cent, cela veut dire tout de même que 96 % de l'énergie dégagée par la combustion était gaspillée en chaleur. La machine à vapeur était avant tout un radiateur géant. Comme *in fine* l'est n'importe quel moteur thermique, qu'il tourne au diesel ou à l'uranium enrichi.

Désormais à haute pression et correctement régulée, puissante et “rentable”, la machine à vapeur façon James Watt pouvait être éventuellement rapetissée, réduite pour être placée sur une grosse charrette. Mais pour faire quoi? Joseph Cugnot, sans s'inspirer des idées de l'inventeur anglais, en installa une sur une sorte de brancard, un fardier. Son idée était de faciliter le transport des pièces d'artilleries. En 1769, son véhicule n'alla hélas pas plus vite qu'un homme marchant sans se presser, et finit dans un mur. Le problème qui fut le sien était celui du rendement risible de la chaudière qui obligeait à alimenter celle-ci par une grande quantité de combustible dont le poids, ajouté à celui du véhicule, obligeait la machine à fournir un travail plus important qui nécessitait, compte tenu de son rendement riquiqui, une grande quantité de combustible, etc. Les premiers essais de véhicules automobiles buttèrent en fait sur le même problème : les machines ne fournissaient en définitive assez de travail que pour transporter leur charbon tout en dégageant essentiellement de la chaleur. Quant à avancer toute seule… On pouvait bien en fabriquer de plus grosses afin d'augmenter la puissance pour en quelque sorte palier le rendement, mais des machines plus grosses sont plus lourdes. On n'en sortait pas!

En 1804, grâce à la première locomotive de Richard Trevithick, les pesantes machines à vapeur eurent tout de même le loisir de prendre l'air (pour tirer… des wagons de charbon) en se posant sur des rails sur lesquels le relief est toujours plat et la résistance au roulement très faible : sur une voie ferrée, ni le poids ni le faible rendement ne sont des obstacles au déplacement. Une fois qu'on est lancé, on glisse, et on a du mal à s'arrêter, raison pour laquelle le développement du train a été longtemps limité par l'indisponibilité d'un système de freins efficace. Au contraire, sur une route qui monte, qui descend, pleine de trous, pas entretenue, qui accroche les roues, il faut être très léger et fort puissant. On consomme toujours infiniment plus d'énergie pour pousser un kilogramme sur un kilomètre de route qu'un kilogramme sur un kilomètre de voie ferrée. La physique a toujours raison, hier comme aujourd'hui.

LE GAZ, VOILÀ LA SOLUTION !

On y parvint enfin, la Protée de Charles Dietz en est la preuve. Moins pratique, moins rapide, moins confortable et surtout plus chère que le train, elle ne rencontra pas le succès commercial escompté par son inventeur. Plus petite (douze places), l'Obéissante d'Amédée Bollée, commercialisée en 1873, non plus, en dépit de ses qualités de conduite et de confort, vantées dans les journaux. La Mancelle, qu'il mit sur le marché en 1878, puis La Rapide en 1881 furent plus heureuses. Il s'en vendit jusqu'en Syrie et, pour faire face à la demande, M. Bollée développa même une unité de production en Allemagne.

À la toute fin du XIXe siècle, les voitures particulières à vapeur étaient des milliers à se déplacer chaque jour dans les grandes villes occidentales, en dépit de leur poids important. Entre un tiers et 40 % du parc automobile à New York… Il faut savoir que Léon Serpolet leur avait offert une merveilleuse gâterie : s'inspirant des locomotives, l'industriel français avait mis au point la chaudière "à vaporisation instantanée", dans laquelle la conduite d'eau, très fine, était enroulée en serpentin afin d'accroître considérablement la surface de contact avec la chaleur produite par la chaudière, d'où une accélération de la vitesse des échanges thermiques et, en conséquence, une augmentation notable du rendement pour un volume identique. Une très grande avancée. Qui finit dans le mur des lois de la physique.

Pour pousser en effet plus encore le rendement, il fallait en passer par l'augmentation de la capacité du combustible à entrer en combustion.

Solide, la gaillette de charbon ne pouvait brûler que par sa surface, ce qui était lent. Accélérer la chauffe obligeait en conséquence à démultiplier la surface de combustion, c'est-à-dire à casser le morceau en des éléments toujours plus petits. Jusqu'à atteindre la taille de la poussière, laquelle, qu'elle soit de charbon ou de blé, est affligée d'une terrible tare : instable, elle est explosive, dans une chaudière, une galerie de mine ou un silo. Pour que le moteur à vapeur pût se perfectionner encore, il fallait donc changer son combustible, le remplacer par un autre sous forme liquide ou gazeuse, le gaz étant l'état de la matière offrant la plus grande surface de combustion possible vu que chaque molécule y est en contact avec l'air. Un solide chauffe par sa surface, un gaz, par son volume. On change d'échelle.

Une machine thermique au gaz ou au liquide, c'est quand même se compliquer la vie. Car autant il est simple de mettre un bout de bois ou une pelletée de charbon dans une chaudière, autant il est tout sauf naturel de stocker puis mettre au feu un liquide ou, pire, un gaz. Il faut de la technique et de la sophistication. C'est le Français Étienne Lenoir qui réussit le premier à faire fonctionner un moteur utilisant un gaz, en l'occurrence du gaz d'éclairage urbain (du gaz de houille à l'époque, le mal aimé grisou). Nous étions en 1860, et ce moteur à deux temps, simple, dégageait aussi peu de rendement qu'une machine à vapeur, et avait besoin… d'énergie pour démarrer, contrairement à celle-ci. Mais une fois allumé, au moyen d'une "bougie" électrique, il se mettait en route sans avoir besoin des longues minutes nécessaires à un "vapeur", y compris instantané, pour atteindre sa bonne température de fonctionnement. Modifié de façon à fonctionner avec un combustible liquide, le moteur Lenoir avoua encore une ardeur tout juste comparable à celle du chaudron du fardier de Cugnot.

Deux ans passèrent, et un autre Français, Alphonse Beau de Rochas, inventa la compression du mélange liquide-air avant son allumage par la bougie : un pas de géant car, comprimé, le mélange entrait plus facilement en combustion, c'est-à-dire qu'il explosait plus vite, et le rendement énergétique s'en trouvait accru. C'est maintenant l'explosion qui animait le piston, plus du tout la vapeur. Avec son moteur – à explosion, donc – à quatre temps, dont la paternité lui fut durant près de vingt ans contestée par l'ingénieur allemand Nikolaus Otto, Beau de Rochas avait presque tout inventé. Sauf le carburateur, élément décisif, car il assure le juste dosage entre combustible liquide et air : c'est ce petit machin qui a offert son avenir à l'essence, aux dépens du gaz d'éclairage. En 1886, l'Allemand Carl Benz, son inventeur, en équipa la première auto à essence de l'histoire, un tricycle[1]. Cinq ans plus tard, les premiers modèles à faire l'objet d'une commercialisation furent des Panhard-Levassor, motorisées et carburées par Benz.

NON, C'EST L'ÉLECTRIQUE !

Pour autant, les voitures à essence étaient et restèrent encore une quinzaine d'années durant très minoritaires. Peut-être un quart seulement des machines du début du XXe siècle fonctionnait avec du liquide. Légères, pratiques, elles faisaient du bruit, émettaient de la fumée, produisaient surtout de la chaleur, elles étaient sales, vibraient, consommaient trop de carburant, elles perdaient beaucoup de leur rendement aussitôt que le moteur ne se trouvait plus dans son confort atmosphérique (une pente, une côte, un grand virage, un temps froid, une météo chaude, une altitude élevée suffisait pour que l'oxygène manque…) et réclamaient que leur chauffeur se cassât un bras et la mâchoire en actionnant la manivelle chargée de faire faire au lourd moteur les premiers tours qu'il ne pouvait encore effectuer tout seul à froid.

1. Quant au gaz, la première automobile (et l'une des dernières) fut, elle, bien française : une Delamare-Deboutteville, montée sur quatre roues en 1884.

Le moteur électrique ne présentait aucun de ses inconvénients. Découvert par hasard par Michael Faraday en 1821, il avait dès sa naissance démontré des qualités indéniables : silencieux, constant, sans fumée ni vibrations, sans pièces mécaniques compliquées, sans huile ni manivelle, et, en plus, réversible (il peut tourner dans un sens ou un autre). Cerise sur le gâteau, parce qu'il est simple et que l'électricité, contrairement à la chaleur dégagée par la combustion, est ordonnée (elle ne se perd donc pas dans tous les sens, ce qu'on appelle l'entropie), son rendement écrase la concurrence pour s'approcher du maximum théorique de 100 % : 90-95 % (70-75 % à l'époque), contre un malheureux 10 % pour les meilleurs moteurs à explosion du début du XXe siècle. En 2013, on en est à 35-40 %.

Pour nourrir ce moteur miracle, il fallait évidemment de l'électricité.

La première batterie, au plomb-acide, celle de nos voitures – à essence – d'aujourd'hui, fut inventée par Émile-Alphonse Faure en 1881, à partir d'un modèle un peu primitif breveté par Gaston Planté en 1859. Les fabricants Jeantaud et Krieger de notre début de chapitre, mais aussi MM. Mercedes et Peugeot mirent sur le marché des dizaines de modèles d'autos électriques dès les années 1880. Ce sont leurs prototypes qui gagnèrent les courses de vitesse qui opposaient chaque année l'électrique, la vapeur et l'essence. Une Jeantaud dépassa 63 km/h en 1898, une autre 92 km/h en 1899 ; une auto belge, sorte d'obus qu'on aurait monté sur un châssis de voiture pour enfant, la célèbre "Jamais-Contente", ouvrit enfin la barrière mythique des 100 km/h la même année. Où se trouvait la voiture à essence ? Loin, très loin derrière, là-bas, derrière le nuage de fumée ! Même la vapeur faisait mieux que celle-ci : les fameuses automobiles nées de l'association entre le Français Serpollet et l'Américain Franck Gardner, primées par l'Exposition universelle de 1900, étaient des petites merveilles d'agrément et de performances. Le moteur à vaporisation instantanée n'avalait plus de charbon mais, mauvais signe pour son avenir, de l'essence. Il s'en vendit beaucoup.

En 1902, Léon Serpollet lui-même écrabouilla la concurrence électrique en dépassant sur la promenade des Anglais, à Nice, les 120 km/h au volant d'une voiture magnifique, l'Œuf de Pâques. Avec une autre technologie, un Américain atteindra 196 km/h en 1909. Et pourtant…

ET LE PÉTROLE SE DÉVERSA, ALLÉLUIA !

Et pourtant, ces succès furent autant de clous pour un beau cercueil. La vapeur et le silence ne purent dissiper la fumée. La voiture électrique du début du XXe siècle, qui n'avait pas grand-chose à envier à ses descendantes d'aujourd'hui, hormis la capacité des batteries, était affligée du même handicap : son autonomie. Tant que taxis, fourgons et camionnettes circulaient en ville, à distance correcte d'un garage où se brancher, l'autonomie était une notion peu limitante. Aussitôt qu'un chauffeur s'aventurait en périphérie, au contraire, c'était l'aventure, car il devait se pourvoir en accumulateurs de rechange, qui étaient lourds et d'un usage peu commode. Les concours de distance étaient cependant remportés par des voitures électriques, parce que les "écuries", prévoyantes, faisaient disposer des batteries le long des parcours. Surtout, les voitures à essence et à vapeur n'étaient pas tellement plus fiables qu'elles : elles étaient moins concernées par le handicap de l'autonomie, certes, mais leurs pannes étaient nombreuses, et elles tenaient aussi mal la route. Au début du XXe siècle, les esprits clairvoyants des meilleurs experts considéraient que l'"auto", à la lecture de la longue liste de ses manquements, n'était pertinente qu'en ville, ne pouvait être qu'électrique, et qu'au-delà il convenait de lui préférer le train, bien plus efficace et confortable.

Ce jugement sera tout autre au début des années 1910. Alors que la capacité des batteries n'avait toujours pas décollé, et bien que les moteurs à vapeur eussent atteint un haut degré de performance, les moteurs à explosion avaient corrigé nombre de leurs défauts. On pouvait désormais les conduire, bien plus rapidement qu'un cheval au galop, entre la maison de l'avenue Foch à Paris et la villa de Cabourg, sans en ressortir avec le dos rompu, la veste couverte de graisse et le visage ponctué d'insectes écrasés. Les courses d'endurance comme la célèbre coupe Gordon-Bennet, d'audience internationale (la première fut remise en 1900), avaient démontré, de façon définitive, que l'"explosion" était plus endurante que toute autre motorisation et beaucoup plus souple d'utilisation. Le rendement était misérable, les automobiles étaient bruyantes, puantes, polluantes, elles produisaient beaucoup plus de chaleur qu'elles ne fournissaient de travail – ce qui était un avantage en hiver ! Tout cela était vrai, mais leur réservoir, aussi petit fût-il, leur permettait d'aller loin : il y a dans un kilo d'essence mille fois plus d'énergie potentielle que dans un kilo de batteries au plomb de l'époque (10 kWh contre 10 Wh). La chimie a décidé.

Et puis l'essence étant liquide, elle est plus facile à transporter et à stocker que les pesantes batteries au plomb.

Et puis l'arrivée massive de pétrole brut sur le marché mondial pendant la première décennie du XXe siècle fit baisser les prix, tandis que le début de la production de masse des véhicules à essence ainsi que la demande considérable en transport par les armées engagées dans la Première Guerre mondiale assureront définitivement le succès de la voiture à essence.

LE PÉTROLE ET L'AUTO, L'AUTO ET LE PÉTROLE, L'INDISSOCIABLE AVENTURE

Le charbon et la vapeur illustrent le charmant paradoxe de l'œuf et de la poule. Le charbon a permis la vapeur, qui a permis le charbon, qui, etc., et cela a offert au monde sa première révolution industrielle. Entre l'automobile et le pétrole, l'éternelle contradiction s'illustre à nouveau. Le sprint final emporté par le moteur à essence dans la longue course qui l'opposait depuis une trentaine d'années à ses concurrents a été remporté grâce à un excellent dopant, le pétrole. Lequel n'aurait pas été tant exploité s'il n'y avait eu des autos à remplir de toute son énergie cachée.

Peu importe. Ce qui compte, c'est d'avoir à l'esprit que l'histoire du pétrole est si intimement liée à celle de la voiture, et inversement, qu'il faut renoncer à les démêler toutes les deux. Le combustible et le véhicule, le cheval-vapeur et son liquide nourricier se sont tournés autour durant des années avant que les industriels ne parvinssent à exploiter vraiment ses indéniables qualités, qu'aucun autre de ses concurrents ne partageait : le pétrole est un concentré d'énergie, il est très peu inflammable à l'état brut et, puisqu'il est liquide, il est facile à transporter et à stocker ; on peut aussi le transformer en une multitude de sous-produits par le miracle de la distillation et du "vapocraquage". Le charbon ? Il faut aller le chercher dans des mines coûteuses et dangereuses, et, parce qu'il est lourd, son transport est compliqué (raison pour laquelle le train a été pensé pour lui). Le gaz ? On l'exploitait peu il y a un siècle. S'il était presque aussi facile à pomper que le pétrole, il ne se laissait pas apprivoiser comme lui : le gaz doit être comprimé ou liquéfié pour pouvoir être entreposé et acheminé, dans des installations complexes, dangereuses et hors de prix. Le pétrole avait tout pour plaire et, comme la morue, poisson qui durant des siècles alimenta l'Europe occidentale, incarnait la manne divine de la Bible. La voiture en devint à la fois son prophète et son dévot.

LA BIBLE ET LE BITUME ARDENT

Une histoire ancienne, que celle de l'homme et du pétrole. Elle remonte au moins au buisson ardent.

Dieu avait décidé de la combustion de ce mûrier pour révéler Sa présence et éclairer Moïse. Un arbre peut-il donc s'enflammer spontanément et n'en point mourir ? L'olivier et quelques essences des pays secs savent en effet résister au feu et repartir après son extinction. Tant que l'incendie n'est pas trop fréquent, cela dit. Les forêts méditerranéennes renaissent ainsi. Pourquoi pas. À l'époque de Moïse toutefois, en Mésopotamie et dans tout le Moyen-Orient d'aujourd'hui, les nuits étaient à l'occasion éclairées par des flammes sauvages qui ne provenaient pas d'un barbecue des Rois mages. Ces "feux éternels" prenaient sur des nappes de bitume qui entraient en combustion sous l'ardeur du soleil et la sécheresse du temps. Les rédacteurs de l'Ancien Testament, brillants communicants, ont sans doute simplement poétisé ce vulgaire produit visqueux, estiment des historiens… Attention, à ce bitume il ne faut pas associer le revêtement de nos chaussées automobiles. Cela, c'est le macadam. Le bitume est un pétrole lourd dont les éléments volatils se sont évaporés. Un peu comme le brut déversé en mer par quelque navire crevé et qui parvient sur le rivage sous la forme d'une pâte collante.

C'est dans la Bible (l'hypothèse pétrolière du buisson ardent se confirme) que l'on découvre l'usage principal que les Anciens faisaient de ce pétrole affleurant : il était un excellent revêtement, que l'on étalait sur les toits des maisons et l'intérieur des embarcations afin d'en assurer l'étanchéité et de mieux sceller les briques d'argile. Il est ainsi écrit dans la Genèse (chap. XI) "La brique leur servit de pierre et le bitume leur servit de moteur", car aux Sumériens, le bitume, sous forme d'asphalte, servait de ciment. Mais aussi de chandelles, après qu'ils eurent trempé une simple tige de papyrus dans la nappe. La Genèse (chap. VI) nous apprend encore que Noé en avait protégé son arche, et dans l'Exode (chap. II, verset 3) on découvre qu'une mère avait procédé de même pour offrir la flottabilité au berceau de jonc tressé dans lequel elle avait confié sont petit Moïse aux flots du Nil. Entre le bitume et le père des religions du Livre, il y a comme une rencontre. Avec Son peuple, ce fut une histoire, Lui qui récupérait du pétrole sur les rives du lac Asphaltitis, l'autre nom de la mer Morte. Les bitumes de Judée faisaient l'objet d'un commerce de bon rapport, paraît-il. En Grèce, Pline l'Ancien nous renseigne encore : le bitume de Babylone, qui était fort commun et réputé, se vendait en tant qu'onguent pour soulager la peau irritée, les gencives douloureuses, atténuer la lèpre, purger les ventres de la dysenterie et calmer la toux. Il n'y avait pas que le miel au rayon des antiseptiques antiques.

C'est au Xe siècle que l'histoire enregistre les premières véritables exploitations pétrolières, à Bakou, sur la mer Caspienne (actuel Azerbaïdjan). Le néolithique du bitume. Bakou, où Marco Polo place le récit d'un produit visqueux chargé sur des ânes puis vendu pour ses vertus thérapeutiques et lubrifiantes. Il raconte qu'il suffisait aussi d'enfoncer un tube dans le sol pour faire sortir du gaz : c'est de cette façon que les indigènes se chauffaient, s'éclairaient et cuisaient leur nourriture. Le compagnon souterrain du pétrole faisait en vérité l'objet d'une adoration surprenante : dans cette région de l'Asie centrale, les adeptes du mazdéisme, une religion polythéiste proche du zoroastrisme et née dans les monts de l'Iran, vouaient un véritable culte au feu. Des siècles après Marco Polo, Alexandre Dumas (père) assista lui-même sur la presqu'île d'Apchéron à un de ces offices dont le gaz naturel était l'attraction[1]. Psalmodier devant un tuyau de gaz, décidément la foi, comme l'amour, est aveugle et n'a pas peur du ridicule.

À l'ouest de l'Azerbaïdjan, en Europe, ce n'est qu'au XVe siècle que l'on se mit à recueillir le bitume en creusant des mines. En Moldavie, surtout, un tout petit pays posé sur le flanc oriental de l'actuelle Roumanie. Deux siècles plus tard, au début du XVIIIe siècle, une première "usine" d'extraction fut implantée à Seyssel, dans le département de l'Ain. Là où, aujourd'hui, l'on envisage de creuser des trous afin de recueillir un hypothétique et très précieux gaz de schiste… C'était un bitume mêlé à des petites pierres que les ouvriers raclaient : de l'asphalte naturel, un quasi-macadam avant l'heure. En Alsace, toute proche, de semblables entreprises existaient, comme à Pechelbronn au

1. Alexandre Dumas, *Voyage en Russie*, Hermann, 2002.

XVIe siècle. C'est d'ailleurs là que Louis Pierre Ancillon de La Sablonnière fonda la première compagnie pétrolière au monde, et peut-être bien aussi la première raffinerie, en 1740. Pour profiter de ce sable bitumineux que l'on savait déjà séparer en éléments plus légers comme la poix, dont on graissait les essieux, et le pétrole dit lampant. Celui des lampes.

LE PÉTROLE EST ARRIVÉ PAR LA LUMIÈRE... ET DANS UNE POMMADE

La lampe à huile remonte à la fin du XIIIe siècle. Édouard Quinquet en changea la mèche en 1784, puis le verre. Il la rendit tellement efficace que la postérité lui attribua son nom. Le quinquet hérité de l'arrière-grand-mère, c'est lui. Efficace, belle, produite en série, la lampe du bon Édouard, éclaireur de l'humanité industrielle, connut une seconde jeunesse au milieu du XIXe siècle : une petite modification, et voilà qu'elle put consommer non plus de l'huile végétale ou animale, mais du "pétrole lampant". Ce dérivé du brut, obtenu par le processus enfin maîtrisé de la distillation (merci aux frères Doubinine, qui inventèrent la chimie du pétrole), est dans sa formulation très proche du kérosène.

La lampe à pétrole (ou le pétrole lampant) sauva les baleines que l'on chassait alors pour s'éclairer et graisser les machines. Elle (ou lui) changea le sort du pétrole : en plus de la pommade et de la graisse, voilà qu'on pouvait en faire une solution simple et non incendiaire ni suffocante pour s'éclairer ! Depuis le temps que l'humanité attendait cela ! Le marché changeait d'ampleur. Il devenait considérable. En 1857, Bucarest s'éclaira entièrement au pétrole lampant. Les gisements moldaves n'étaient pas loin.

De l'autre côté de l'Atlantique, l'histoire semblait avancer dans l'autre sens. Un pharmacien américain de Pittsburgh s'était mis à vendre au milieu du XIXe siècle, dans sa boutique puis par correspondance, un "baume". Ce brave Samuel M. Kier lui donna son nom et lui attribua des vertus anti-inflammatoires qui n'étaient pas dénuées de fondement, car elles étaient connues depuis la prime Antiquité, et sans doute bien avant. "*Kier's Petroleum or Rock Oil, Nature's Remedy Celebrated for its Wonderful Curative Powers, taken from a Well Four Hundred Feet below the Earth's Surface*", lisait-on sur l'étiquette. Notre bienfaiteur des peaux irritées, des gencives gonflées et des estomacs embarrassés s'approvisionnait en Pennsylvanie, chez des paysans qui n'avaient jamais su quoi faire de ce produit visqueux contaminant les saumures qu'ils extrayaient du sol pour conserver leurs aliments. Les Indiens Seneca auraient pu les renseigner, car ils savaient quoi en faire, mais il aurait fallu pour cela qu'ils ne les eussent point massacrés.

Par sa redécouverte de l'eau tiède, le pharmacien s'enrichit. George H. Bissell et Jonathan G. Eveleth s'en étonnèrent. Les yeux sur une de ces lampes à pétrole européennes qui commençaient à arriver dans les magasins américains, ces deux financiers new-yorkais procédèrent à quelques analyses qui leur démontrèrent qu'en plus de soigner, le pétrole du docteur Kier était capable d'éclairer les intérieurs et de graisser les roues d'attelage. En retard, les Américains. Reniflant le filon, ils investirent dans l'entreprise du pharmacien puis calculèrent qu'il serait plus profitable pour tout le monde de ne plus se contenter de racler les affleurements, le pétrole suintant, mais de l'aller trouver là d'où il provenait, dans la nappe mère.

En 1859, ces messieurs créèrent en conséquence la Seneca Oil Company.

Et tournèrent leurs envies vers la vallée d'Oil Creek, en Pennsylvanie. Il leur fallait un prospecteur, ils le trouvèrent en la personne d'Edwin Laurentine Drake, un employé de chemins de fer qui avait été un temps foreur à Pechelbronn, en Alsace. Ce qu'il réussit le 29 août de cette annéelà fut le premier forage américain. Profond de 23 mètres, il n'était pas extraordinaire. Mais c'est de ces soixante-dix petits pieds que jaillit la ruée vers l'or noir qui allait emporter tout le pays, puis le monde.

THERE WILL BE BLOOD

Pour comprendre la folie que déclencha ce premier puits, il faut visionner, en supportant l'ennui d'une mise en scène sous anxiolytique, *There Will Be Blood*, film de Paul Thomas Anderson[1], avec dans le rôle d'une sorte de Drake à moitié fou, un Daniel Day-Lewis évidemment génial (2008). Il faut aussi lire *Oil!* d'Upton Sinclair (1927)[2], livre fascinant qui a inspiré le réalisateur.

Durant les quinze années qui succédèrent au percement du trou originel, l'anarchie complète régna à Titusville (Oil Creek), en Pennsylvanie. Acheté à vil prix aux paysans que les chercheurs d'or noir n'avaient pas informés des possibles trésors qui se cachaient sous leurs charrues, le sol était constellé de trous ; il s'en élevait des milliers de derricks, ces tours en bois qui supportaient l'appareil de forage. Les concessions passaient d'une main à l'autre, au gré des meurtres, des accidents, de la spéculation. La production explosa, comme nombre de derricks mal conçus. Pour l'absorber continûment, il aurait fallu un marché qui n'existait point encore. Ainsi que des moyens d'entreposage et de distribution efficaces et rapides. Or les foreurs n'avaient à leur disposition que des barriques pour entreposer leur trésor. Des fûts standards de 159 litres, que l'on appelait "barils", ouvragés paraît-il à partir de fûts importés de Pechelbronn. Le baril, emblème du pétrole, unité de mesure officieuse du marché, mot emblème du capitalisme, est né là où l'on obtenait des concessions à grands coups de carabine.

Avec 3 millions de barils annuels, la production de Pennsylvanie dépassa en 1862 celle de l'alors premier producteur mondial, la Roumanie. Mais le marché des lampes n'était pas suffisant pour l'absorber, et puis les prix faisant le yoyo ; ni l'investisseur ni le consommateur n'avaient envie d'en acheter beaucoup. Pour que le pétrole

1. http://www.imdb.com/title/tt0469494/?ref_=fn_al_tt_1
2. Upton Sinclair, *Pétrole!*, Le Livre de poche, 2011.

trouvât un avenir, il lui fallait du calme. C'est un homme d'affaires du nom de John Davison Rockefeller qui fit la métamorphose. Son père avait vendu du pétrole-médicament dans une roulotte. L'histoire s'amuse. J. D. Rockefeller créa sa première raffinerie à Cleveland en 1870, puis acheta toutes les unités de raffinage et tous les pipelines existants entre cette ville et New York. Plus ses affaires grossissaient, mieux il pouvait négocier avec les compagnies de chemins de fer chargées d'acheminer le brut et ses sous-produits. Ses concurrents, pour l'occasion étranglés par des coûts de transport qui pour eux seuls grimpaient, faisaient faillite et tombaient rapidement en sa possession. Le but de Rockefeller était de posséder tout ce qui permettait d'amasser et d'écouler la production, afin de contrôler tout le pétrole. Il devint milliardaire en quelques années, alors que Drake mourut misérable. Dans le capitalisme, la fortune sourit rarement aux producteurs, plutôt à ceux qui savent les vendre.

En 1872, la société que Rockefeller avait créée, Standard Oil, monopolisait déjà le transport, le stockage et le raffinage aux États-Unis. Elle put ensuite dépenser sereinement des sous dans le forage. En 1910, la firme, présente du sous-sol à la station-service, contrôlait 80 % de la production américaine… C'était trop. L'année suivante, le Sénat américain, s'appuyant sur la loi antitrust (le Sherman Act) de 1890, vota le démantèlement en trente-quatre sociétés différentes, qui n'allaient pas longtemps rester naines.

LA GUERRE FAIT ENFIN COULER LE PÉTROLE DANS LES RÉSERVOIRS

Les années 1910 furent celles des grandes découvertes. D'autres géants, tels que Texaco, Gulf Oil, l'Anglo-Persian Oil Company (APOC, future BP) ou encore la Royal Dutch Shell, mirent au jour des gisements plus grands encore que ceux de Moldavie et de Pennsylvanie en Indonésie, au Texas et là où le pétrole était apparu dans l'histoire des hommes, en Mésopotamie. L'Irak et l'Iran promettaient. L'Arabie Saoudite allait se montrer prodigue. C'est d'une terre musulmane que la manne divine allait bientôt sourdre.

À la même époque, la production de masse de la Ford T (à partir de 1908) était non seulement en train de faire perdre à la France sa place de premier producteur mondial au profit des États-Unis, mais fut également à l'origine de la transformation de l'artisanat automobile luxueux en une industrie globale, et offrait enfin au pétrole le débouché qui lui faisait défaut pour abattre la tenace concurrence électrique[1]. À l'apogée de leur technique au début des années 1910, les voitures à batteries étaient en effet deux fois plus chères que l'auto de M. Ford, qui ne valait pas plus qu'un cheval de trait. Un cheval au galop, qui dessinait le plan des villes, repoussant tramways et trains, parce qu'il favorisait la spéculation immobilière (tracer une route ne coûtait rien, par rapport à une voie ferrée, et de chaque côté l'on pouvait lotir aisément) : Los Angeles et Hollywood sont nés derrière les pots d'échappement.

La Première Guerre mondiale précipita l'inéluctable règne de l'auto et de son carburant liquide. Jamais dans l'histoire les armées ne furent autant subordonnées à une ressource énergétique parce que jusqu'alors les militaires n'avaient jamais eu autant besoin de véhicules. Au cours des quatre années que dura le premier abattoir industriel de l'aventure humaine, les Français et les Britanniques dépendirent à 80 % de l'approvisionnement en pétrole américain, c'est-à-dire à 25 % de la Standard Oil of New Jersey, une des majors du marché nées du démantèlement de la Standard Oil. Le géant s'était cloné. Les taxis de la Marne, qui sauvèrent la France au tout début du conflit, ne roulaient pas à l'électricité ! Ce furent bien des camions à essence qui remontèrent la Voie sacrée pour alimenter en chair fraîche, en armement et en munitions le front de Verdun en 1916. "Désormais, pour les nations et pour les

1. Voir chapitre II.

peuples, une goutte de pétrole a la valeur d'une goutte de sang", écrivit Georges Clemenceau en 1918.

Si le véhicule automobile standardisé fut le robinet qui avait manqué au pétrole, la guerre fut la main qui l'ouvrit en grand. À la fin des hostilités, la production, qui avait suivi la demande, était telle que les prix avaient rejoint le plancher. L'abondance favorisa à son tour le marché de l'automobile. Pas chère, l'essence réduisait le coût d'usage du véhicule, dont le prix baissait grâce à la production de masse. Rien qu'aux États-Unis, le nombre de véhicules se trouva multiplié par vingt-cinq entre 1911 et 1924. Et en 1918 la consommation de pétrole y était déjà ce qu'elle allait être dans la vieille Europe, en 1960…

L'AVENTURE CONTINUE ?

L'électrique, la vapeur et le cheval ont été enterrés dans les années 1910. En 1913, il n'y avait plus un seul transport en commun à cheval à Paris. Pourquoi les pouvoirs publics des pays d'Europe n'ont-ils pas fait en sorte que les batteries chargées se généralisassent partout comme les bidons d'essence, en vente alors dans toutes les drogueries ? Pourquoi n'ont-ils pas décrété la multiplication des stations de recharge comme ils le firent pour les stations-service dès les années 1920 ? Mystère. Cela dit, compte tenu de la capacité énergétique ridicule des accumulateurs de l'époque, il aurait fallu beaucoup, beaucoup de stations de recharge et d'échange dans un pays et un continent européen qui était alors rural, très peu dense, et peu électrifié. Quant à la vapeur, elle n'accéda au meilleur de sa technique qu'en brûlant de l'essence… Le plus amusant dans cette histoire est qu'elle se répète : cent ans après, les béats de l'auto électrique mettent en avant les mêmes arguments que leurs ancêtres, et se heurtent à d'identiques limites. L'auto qui fait "vroum" a gagné parce que l'essence est un incroyable concentré d'avantages. Aucune autre source d'énergie ne peut rivaliser. Le pétrole pue et salit, mais une fois qu'on y a goûté…

Entre 1948 et 1978, la production de barils du Moyen-Orient, Arabie Saoudite en tête, est passée de 200 millions à 2 milliards de barils. Entre 1960 et 2010, le nombre de voitures en circulation dans le monde est parti de 100 millions pour atteindre un milliard. Ce n'est pas une coïncidence. Autres chiffres : c'est en 1915 que l'humanité a atteint le cap du million d'autos fabriquées ; il lui faudra trente ans pour quadrupler ce chiffre, soixante ans ensuite pour le multiplier encore par vingt. Sur la même durée, avec les mêmes étapes, le nombre de barils extraits chaque jour est passé de 2 millions en 1915 à 8 millions en 1945, puis à… 85 millions en 2013. Aujourd'hui, sur dix fûts de brut, six sont brûlés par les autos, les camions, les bateaux, les avions. Le pétrole, c'est l'auto, et l'auto, c'est le pétrole. C'est pour lui, pour elle, qu'on a fait deux guerres en Irak, que la géopolitique est toujours centrée sur le Moyen-Orient.

Pour combien de temps? En 2012, plus de 210 000 automobiles ont été fabriquées chaque jour, essentiellement pour la Chine, dont à peine 17 % de la population sont équipés. Il y aurait encore un bon milliard et demi de voitures à vendre pour satisfaire une demande mondiale insatiable. L'avenir est assuré. Y aura-t-il cependant assez d'essence pour tout le monde?

On peut en douter. Nous consommons en une année une trentaine de milliards de barils, alors qu'entre le premier puits de Drake et le début de la guerre du Kippour (1967), nous en avions avalé à peine 200 milliards. La hausse a été prodigieuse. Depuis quelques années pourtant, elle se tasse. Elle pique même du nez. Serions-nous devenus économes? Non, c'est juste que lorsque nous brûlons huit barils, nous n'en découvrons plus qu'un seul. C'était l'inverse il y a un demi-siècle. Nos besoins augmentent alors que la planète a d'ores et déjà été fouillée de fond en comble. Quant aux réserves déclarées, elles sont pour une bonne moitié d'entre elles complètement fausses : n'ayant que peu à voir avec les réalités géologiques, elles ne servent avant tout qu'à asseoir auprès des marchés financiers la valorisation des compagnies pétrolières ou le prestige des États.

Bref, nous autres Occidentaux, qui avions cru que le pétrole était infini et qu'il était notre dû, nous commençons à déchanter. Le temps du je-m'en-foutisme est dépassé.

Quoique. Pétroles extra-lourds, pétrole de gisements super-denses, pétrole de gisements super-profonds, pétrole des schistes bitumineux : les nouveaux gisements possibles sont là, le théorique et totémique pic pétrolier n'a peut-être jamais été aussi loin. L'histoire continue de s'écrire. Il y en aura encore pour longtemps, du brut. Du fond de cuve, dégueulasse, cher, mais du pétrole avec lequel nous pourrons toujours rouler. Car nous ne pouvons nous interdire de rouler ! Rouler, c'est notre liberté. ! C'est la liberté. C'est un droit, consubstantiel de la démocratie. C'est un devoir, car ça fait marcher le commerce. L'histoire de la voiture n'est donc pas près de s'arrêter, à moins que nous décidions, dans notre infinie sagesse, d'accepter de ne pas pomper ce qui reste afin de ne pas aggraver l'état de notre atmosphère. La manne divine est toujours là, elle sera notre nouveau supplice de Tantale.

II

LA VOITURE, PRODUITE EN MASSE, DEVIENT UN MYTHE

La vapeur a construit l'automobile. L'électricité l'a libérée. Le pétrole l'a imposée sur les routes. Un adepte du déterminisme dirait sans doute que tout cela était allé de soi : car enfin, à la même époque, au début du XXe siècle, les hommes de l'Europe conquérante se sont retrouvés simultanément avec une technologie purement mécanique devenue fiable grâce au génie d'artisans et d'ingénieurs inventifs, et un combustible tellement vertueux et si abondant que l'on pouvait raisonnablement se demander s'il n'avait pas été placé sous terre juste pour qu'on l'y pompât au bon moment. La conjonction de ces deux planètes donna lieu, inévitablement, à un événement céleste de belle magnitude : l'apparition de l'automobile à essence. Pour qu'elle rayonnât et illuminât le genre humain, il ne lui manquait qu'un dispositif d'amplification. Une façon de produire pour généraliser, une méthode pour commercialiser. Cela vint d'Amérique. La vapeur a construit l'automobile, le pétrole l'a imposée sur les routes : Henry Ford en a fait un système global qui a totalement bouleversé la civilisation capitaliste et, finalement, l'humanité. "L'automobile est aujourd'hui l'équivalent assez exact des grandes cathédrales gothiques : je veux dire une grande création d'époque, conçue passionnément par des artistes inconnus, consommée dans son image, sinon dans son usage, par un peuple entier qui s'approprie en elle un objet parfaitement magique", écrivit

Roland Barthes en 1957[1]. L'origine de ce mythe, de cette magie, se trouve dans le cochon de Cincinnati. Grouik.

PREMIÈRE ÉTAPE : RETIRER LA VOITURE DES MAINS DE L'ARTISAN POUR LA CONFIER À CELLES DE L'OUVRIER

Au début du siècle dernier, l'automobile était une histoire française. Le pays du coq chantant était le premier producteur, le créateur, il donnait le ton. Ses voitures étaient fabriquées à la main par des artisans, on livrait châssis et mécanique, et il revenait aux clients de les carrosser chez le "tailleur" de leur choix. Tout était possible : couleurs, matières et options. Le client était roi, comme lorsqu'une décennie auparavant, il se commandait un fiacre ou une malle-cabine. Le marché ne concernait qu'une minorité très aisée, qui tenait à afficher son rang dans des véhicules avec chauffeur, dont la mise en route, par manivelle, valait rituel. Fille de la traction animale, la voiture automobile en avait conservé les apparences. Elle était toujours un objet de luxe. L'aristocratie de particule et de fortune se mouvait à l'essence pour ne pas déchoir.

En Amérique, on pensait d'une autre façon. Point d'industrie automobile réputée, mais une population nombreuse, en croissance, qui commençait à s'émanciper de la pauvreté ; des usines qui, depuis un demi-siècle, s'étaient essayées à la production d'objets standardisés tels que les carabines, les cigarettes et les boîtes de conserve ; et un pays immense où il y avait de la place pour bâtir des villes et tirer des routes. Dans un espace aussi considérable, jeune et riche, labouré par la consommation de masse, l'automobile avait une place à prendre. Comment la lui donner, alors qu'en Europe elle n'avait fait que changer la manière de se déplacer de l'élite argentée ? En la rendant disponible pour le plus grand nombre.

---

1. Roland Barthes, *Mythologies*, Seuil, 1970.

Henry Ford avait une conception simple de son métier d'industriel de la mécanique : "La meilleure manière de fabriquer des automobiles est de les faire toutes semblables, qu'elles sortent de l'usine absolument identiques, comme une épingle ressemble à une autre épingle en sortant de l'usine à épingles, comme une allumette ressemble à une autre allumette en sortant de l'usine d'allumettes", déclara-t-il lors de l'inauguration de son entreprise, Ford Motor Company, en 1903[1]. D'unique, assemblée à la demande en fonction des goûts et des choix du client, l'automobile devait être multiple, normalisée, conçue à partir d'un petit nombre de pièces interchangeables, assemblée par des agents eux aussi interchangeables effectuant des gestes routiniers. L'auto allait être un produit simple, robuste, accessible. Pensée en fonction non pas des goûts de la clientèle, mais des possibilités techniques de sa réalisation : pour Ford, c'était bien la méthode de production qui décidait.

Fils de fermiers, Henry Ford n'inventa rien. Il sut simplement, mais c'est bien à cela que l'on reconnaît le génie, valoriser ce que d'autres, avant lui, avaient mis en œuvre. L'idée même de la production de masse revient d'ailleurs au père spirituel du capitalisme, Adam Smith. Dans *Recherche sur la nature et les causes de la richesse des nations*[2], l'économiste écossais théorisa en 1776 ce que devrait être, dans l'absolu, la production des biens : puisque les machines réalisaient sans beaucoup d'erreurs des tâches simples, pourquoi ne pas demander aux hommes de faire de même ? Une tâche serait ainsi décomposée en gestes faciles, chacune exécutée par des ouvriers spécialisés qui n'auraient que cela à faire, sans formation initiale compliquée ni long apprentissage. La productivité augmenterait, et avec

1. Pour une découverte de la pensée du bonhomme, lire, si vous le trouvez : Henry Ford, *Ma vie, mon œuvre*, Payot, 1925.
2. http://books.google.fr/books?id=Nw1kw8fKCt4C & printsec = frontcover & dq = Adama + smith + An + Inquiry + into + the + Nature + and + Causes + of + the + Wealth + of + Nations & hl = fr & sa = X & ei = 7BKQUcL_HoOO7Aah44G4Aw & ved = 0CFoQ6AEwBg

elle la formation de la richesse, car l'ouvrier, singeant la machine qui lui imposait son rythme cyclique et compté, n'aurait plus à fabriquer tout le produit en se fondant sur son savoir. Divisé, le travail ne permettrait plus la flânerie, hantise du patronat. Normé, l'artisan autonome se ferait ouvrier dépendant ou disparaîtrait.

La mécanisation des ateliers, le développement des usines allaient donner raison à Adam Smith. Dans la fabrique de bijoux de M. Madeleine (*alias* Jean Valjean), Fantine ne travaille-t-elle par sur un poste où elle s'épuise des mêmes gestes sans cesse répétés ? Au début des *Misérables*, Victor Hugo situe la scène en 1819, parce que les ateliers de ce type étaient déjà nombreux dans les petites villes du royaume et du continent européen. Des historiens affirment même que la première trace de division du travail remonte à 1804, dans un atelier britannique de biscuits en commande pour la Royal Navy. Mais c'est bien aux États-Unis d'Amérique que le procédé fut engagé sur une échelle à la mesure du pays. Dans les abattoirs.

DEUXIÈME ÉTAPE : TRANSFORMER LE COCHON DE CINCINNATI EN BŒUF DE CHICAGO

C'est dès 1837 que les abattoirs de Cincinnati organisèrent le dépeçage des porcs par équipes de vingt ouvriers. Un animal était préparé en un petit quart d'heure. Pas beaucoup mieux que chez le boucher. Treize ans après, les hommes ne s'occupaient plus chacun d'un cochon, mais d'une partie seulement : avec vingt secondes par geste, le cochon était désormais traité en sept minutes. Au début des années 1860, des ponts roulants apparurent. Innovation ! Auparavant, c'était les ouvriers qui allaient d'une carcasse à l'autre. Désormais, c'était les bêtes qui passaient à rythme imposé devant les couteaux. Deux minutes de gagnées.

Les ingénieurs des immenses usines à viande de Chicago en gagnèrent encore plus.

Copiée sur celle de la Porktown de l'Ohio, l'organisation du travail y fut poussée au maximum dans le cadre d'une extraordinaire concentration oligopolistique. Cette rationalisation scientifique de la production effrayait et éblouissait dans la même émotion le visiteur étranger, tel le Français Paul Bourget en 1893[1] : "Je ne sais qui a dit plaisamment qu'un porc entrait à l'abattoir de Chicago pour en ressortir un quart d'heure après, jambon, saucisson, saucisse, pommade à la graisse et reliure de Bible. C'est l'exagération humoristique, mais à peine chargée, du travail hâtif et minutieux que nous voyons s'accomplir sur les bêtes tuées tout à l'heure devant nous, et la distribution de ce travail, sa précision, sa simplicité, sa suite ininterrompue nous font oublier la férocité, utile mais intolérable, des scènes auxquelles nous avons assisté. Dans l'immense salle, des comptoirs se succèdent, placés sans trop d'ordre à la suite les uns des autres. Chaque membre de l'animal est détaché et utilisé, sans qu'un tendon ou un os soit perdu." Pour tout dire, à part son cri, tout dans le cochon était utilisé, se plaisaient à dire les employés chargés de faire visiter chaque jour les usines à des processions de curieux, d'élus, de journalistes et de touristes.

Tout comme Rockefeller pour l'exploitation du pétrole, les entreprises géantes de Chicago Armour et Swift avaient accaparé toute la chaîne de production, depuis le transport aller-retour des bœufs, des moutons et des porcs jusqu'au remplissage des boîtes de conserve – qu'elles fabriquaient elles-mêmes, et la commercialisation de tous les produits dérivés imaginables. Lisez *The Jungle*, du journaliste américain Upton Sinclair[2] : ce roman de la vie d'une famille d'immigrés lituaniens dans la crasse, la misère et le sang du quartier des abattoirs de Chicago, dans la lignée du *Peuple*

1. Lire notamment : Jean-Louis Peaucelle, "Du dépeçage à l'assemblage, l'invention du travail à la chaîne à Chicago et à Détroit", in *Gérer et Comprendre,* n° 73, septembre 2003. Disponible sur : http://www.annales.org/gc/2003/gc73/peaucelle75-88.pdf

2. Upton Sinclair, *La Jungle*, Le Livre de poche, 2011. Voir également premier chapitre.

d'en bas de Jack London et de *L'Assommoir* de Zola, vaut toutes les démonstrations.

Mais c'est Hergé qui, en quelques traits, a le mieux résumé ce qu'est la division scientifique du travail. À la page 53 de *Tintin en Amérique*, en six cartouches seulement, mais d'une grande portée graphique et scénaristique, un bœuf entre, une saucisse sort. Les abattoirs de Chicago se résumaient à cela. Symboles du capitalisme, ils annoncent la machine qui révolutionna la voiture et le pétrole, la Ford T. Celle de *Tintin au Congo*.

TROISIÈME ÉTAPE : FAIRE LA CHAÎNE

Distante de 400 km de la ville des Grands Lacs, Detroit en a aspiré le succès économique. Henry Ford connaissait les abattoirs-usines. Son ingénieur en chef, Charles Sorensen, s'était montré impressionné par les fabriques de boîtes de conserve, alimentées en flux tendu par la viande grattée jusqu'aux plus petits os. Dans sa grande usine de Highland Park, l'industriel avait réuni ingénieurs, mécaniciens, artisans, techniciens et ouvriers très qualifiés. Tout fut essayé pour standardiser les pièces, découper les tâches indispensables en gestes simples, chronométrer ceux-ci, calculer au mieux le nombre d'ouvriers sur une chaîne, les coordonner, limiter les causes d'accidents et de douleurs musculaires, dimensionner convenablement la chaîne, l'alimenter en continu par les pièces… Ce fut un long tâtonnement, une expérimentation constante, qui continua progressivement, bien après la vente de la première Ford T.

Fruste, légère, petite, facile à entretenir et à réparer, démarrant avec une "magnéto" plutôt qu'une antique manivelle, la première auto de M. Ford fut proposée au client en une seule couleur, le noir, et sans aucune option. Une vulgarité sans nom pour les constructeurs français, qui montaient encore des véhicules comme les couturiers des habits de soirée.

À l'origine de la standardisation, les ouvriers qualifiés de Ford en furent les premières victimes. Beaucoup se retrouvèrent au chômage ou quittèrent l'entreprise pour faire valoir leurs savoirs ailleurs, tandis que certains, maîtres de tâches impossibles à standardiser telles que la fabrication des moules ou l'usinage précis des prototypes des pièces alimentant les chaînes, se retrouvèrent au contraire valorisés. Pour les autres, tous les autres, majoritaires, la révolution "fordienne" consista en l'exécution des gestes par des quidams sans formation, interéchangeables à merci. Or cela tombait bien : le marché de l'emploi étouffait sous les flots d'immigrés de l'Est de l'Europe n'ayant rien d'autre à proposer à l'accueillante Amérique que leur force de travail. Comme avant eux les abattoirs, l'usine Ford les embaucha par dizaines de milliers. Qu'ils sachent parler la langue anglaise n'avait aucune importance. Sauf que, n'ayant rien à perdre, et pas plus sots que d'autres, ces ouvriers improvisés disparaissaient dans la nature du jour au lendemain. Pour espérer conserver un employé durant un an, la direction devait en embaucher entre quatre et neuf : le turnover, comme l'absentéisme, était considérable. Les ouvriers qualifiés "de souche" étaient plus fiables. Alors Ford introduisit une autre révolution : les salaires élevés et des avantages sociaux. Il paya deux fois mieux que partout ailleurs pour un poste équivalent, et encore, avec moins d'heures par jour.

À la fin des années 1920, alors que son prix de vente avait été divisé par trois par rapport à celui du premier modèle vendu en 1908, la Ford T était accessible aux ouvriers les mieux rémunérés. Roulant en Ford, ils étaient des publicités gratuites pour la marque.

"FORDIZE OR FAIL!"

Le succès de la méthode impressionnait. De toute la planète, y compris d'Union soviétique, l'on venait apprendre. Dans l'usine de Highland Park puis celle, plus grande encore, érigée en 1917, de River Rouge, du minerai de fer et du charbon entrait d'un côté, des automobiles bon marché sortaient de l'autre. La page 53 de *Tintin en Amérique* redessinée ! L'usine Ford produisit 20 000 automobiles en 1908, elle en fabriqua 100 000 au cours de l'année 1913, 395 000 en 1915, 800 000 en 1919 et... 2 millions en 1923 ! Il fallait douze heures trente de travail humain pour en assembler une en 1913, à peine deux heures dix ans plus tard. L'expérience du cochon avait porté.

Porte-étendard du capitalisme sûr de lui, le "fordisme", système global de production, de gestion, à la fois social, culturel et philosophique, fut pour la seconde révolution industrielle, celle de l'acier, la masse qui abattit les ancestrales fondations artisanales et paysannes des sociétés occidentales. L'époque était celle de l'ouvrier standardisé. C'est avec l'automobile que le système technoscientifique, rationaliste et normé, chronométreur, paternaliste et punitif a livré l'homme européen et américain à une vie rythmée par les machines et les procédures chiffrées, et les produits qu'il achète. *"Fordize or fail"*, disait-on, admiratif, parmi les capitaines d'industrie : s'enrichir en multipliant les produits tout en ayant la paix dans ses usines, voilà le bonheur que Henry Ford offrit aux investisseurs du monde. Les chaînes de la Ford T furent reproduites dans toutes les usines, pour tous les produits, dans tous les pays avancés.

La bonne fortune finit toutefois par s'évaporer. Comme aujourd'hui PSA en France, le constructeur américain avait saturé son marché avec un modèle trop commun qui n'incitait pas au renouvellement. Après en avoir vendu plus de 15 millions en moins de vingt ans, la compagnie, qui occupait en 1920 la moitié du marché américain, commença à perdre des parts dans les années 1920 pour n'en détenir plus que 15 % à la veille de la Grande Crise. Pensées uniquement pour la Ford T, les chaînes ne pouvaient en quelques jours être confiées à un autre produit. Pourquoi un autre produit, d'ailleurs !? La direction de l'entreprise était si fière de son succès qu'elle en oublia de regarder la société en train de se transformer : des lendemains de crise de la Première Guerre mondiale, celle-ci était passée à l'euphorie d'une croissance incroyable. C'était les années folles, les goûts et les aspirations évoluaient, l'art changeait, l'insouciance et l'envie de nouveauté tournaient les esprits et les cœurs. La rigide Ford T faisait trop son époque.

Au sein même de l'usine, les méthodes de management autoritaires, moralisatrices (comme dans les mines de charbon du Nord de l'Europe, on vérifiait les "bonnes mœurs" des employés), pathogènes (la limitation des pauses, l'absence de tolérance pour un quelconque retard, la très faible rétribution des rendements supérieurs et les cadences trop rapides abîmaient les corps et les âmes), antisyndicales et très répressives étaient de plus en plus contestées, y compris dans la société américaine. Le choc que constitua le succès phénoménal de *The Jungle* était passé par là : la société américaine ne sacrifiait plus autant au capitalisme. Incarnation de son créateur, "flivver" (le tacot), l'autre nom de la Fort T, tombée en désuétude, était le symbole d'une forme déjà archaïque du capitalisme.

La concurrence la fit évoluer en segmentant le marché, pour lui proposer des voitures spécifiques, fabriquées par des ouvriers toujours bien payés, un peu mieux considérés, dont les syndicats étaient reconnus comme des partenaires. C'est grâce à ce néofordisme que General Motors finit par dépasser son concurrent, lequel, en dépit de sa Ford A, sortie dans la précipitation en 1928, ne put jamais rattraper le retard de sa lourdeur. GM créa autant de marques et de gammes que de segments de clientèles, de façon à répondre à la diversité de revenus et de projections sociales sur l'automobile : alors que Ford était unique, GM bourgeonna en Cadillac (pour les riches), Oldsmobile (à destination des classes moyennes montantes), Pontiac et Chevrolet (les pauvres), et Buick (les jeunes "rebelles"). Le rêve automobile pouvait commencer.

ET CITROËN INVENTA L'AUTO

C'est une marque française qui symbolise à merveille cette évolution. La Marque. Par son inventivité, l'entreprise d'André Citroën a durant un demi-siècle profondément marqué à la fois le monde de l'automobile, des deux côtés de l'Atlantique, de l'Europe au Japon, et l'imaginaire de nos sociétés.

Fondée en 1919 sur les fondations d'une usine d'obus, une activité assez banale au cours des années précédentes, Citroën était une entreprise visionnaire, parce que son fondateur éponyme avait des idées et assez peu de conformisme. S'inspirant de son collègue Ford, dont il avait visité les fabriques, il voulait faire sortir enfin le marché automobile français de la niche confortable du luxe pour le diriger vers la maison plus vaste du peuple, sans pour autant faire du commun. Importateur du fordisme, il en retint les grands principes techniques et sociaux. Par leurs gestes calibrés et chronométrés dans le “bureau des méthodes”, surveillés par les contremaîtres, les ouvriers, peu qualifiés mais bien rémunérés, produisaient à la chaîne des voitures avec carrosserie – une révolution, en France, – un démarreur électrique (adieu, le rituel de la manivelle !), un châssis tout acier et, autre innovation, un moteur suspendu. La Citroën type A fut la première auto européenne produite en série. Sortie en 1919, elle précéda le type B, le type C puis la Rosalie. L'histoire n'a pas conservé une place importante à ces premiers véhicules pour leurs qualités intrinsèques, mais pour la promotion dont elles firent l'objet.

André Citroën, comme Michelin et General Motors, et bien mieux que Ford, avait compris l'importance de la communication. Si Michelin s'était déjà fait connaître en finançant bornes kilométriques, cartes routières, guides vert (touristique) et rouge (gastronomique), et son fameux emblème, Bibendum, André Citroën diffusa des voitures-jouets, publia les aventures dessinées de *Toto* (puis

Frisemouche) fait de l'auto[1], un temps illustrées par le grand écrivain Vercors, il installa aussi des milliers de panneaux signalétiques sur les routes, et organisa de fameuses expéditions à travers l'Afrique et l'Asie. Filmées, montrées dans les cinémas du monde entier, ces "croisières", jaune et noire, avaient pour objet de démontrer par l'exemple la robustesse de la marque. Elles eurent un très grand retentissement. Moins toutefois que cette Lune invraisemblable que Citroën décrocha, et accrocha au palmarès des opérations de communication les plus osées : suspendues verticalement sur la tour Eiffel, les sept lettres de la marque ont illuminé les nuits parisiennes et furent connues du monde entre 1925 et 1933. Les ayant repéré de loin, Charles Lindberg, qui s'était allégé au point d'avoir laissé sextant et carte en Amérique, sut le 21 mai 1927 qu'il avait réussi à traverser l'Atlantique. Citroën avait guidé le héros ! Et Citroën l'invita dès son arrivée en son usine du quai de Javel. Les images associèrent les deux noms, pour le plus grand bénéfice du constructeur.

Tout cela coûta fort cher à l'entreprise, au point de lui faire friser la faillite en dépit de ventes fabuleuses facilitées par le crédit rapidement accordé aux acheteurs, chouchoutés dans des concessions nombreuses et accueillantes, parfois luxueuses. Au début des années 1930, Citroën, copié par tous, comme tout le monde avait imité Ford vingt ans plus tôt, menaçait ruine. Un coup de poker le sauva, assura sa gloire éternelle et bouleversa totalement le marché et l'imaginaire de l'automobile : la traction.

Conçue par l'ingénieur André Lefèvre, dessinée par Flavinio Bertoni, deux hommes reconnus à l'époque comme des génies, cette voiture rompit avec tous les canons : le moteur se trouvait à l'avant, la voiture était donc tirée et non plus poussée, ce qui améliorait la tenue de route ; la carrosserie était monocoque, aérodynamique ; les freins étaient hydrauliques, le châssis léger, révolutionnaire dès

1. Voir cet intéressant site : http://vercorsecrivain.pagesperso-orange.fr/frisemouche.html#VI

sa naissance. Peu fiable au début de son histoire, cette voiture le restera durant une quinzaine d'années. Michelin, qui racheta en décembre 1934 la firme, que les banques envisageaient sérieusement de fermer, poursuivit l'effort. Déclinée en plusieurs modèles, la traction avant est devenue une icône de la voiture, du capitalisme, des années 1930, de la guerre, de la Gestapo, des FFI, des gangsters, de la police, du cinéma, en France, en Europe, aux États-Unis. À elle seule, la traction est l'automobile.

Après-guerre, alors que les sous et les matériaux manquaient, Citroën réalisa un autre coup de maître avec la 2CV. Aucune innovation technique dans cette boîte de conserve à capote, mais une invention marketing : la voiture correspondait exactement à ce à quoi les gens ne s'attendaient pas. "Quatre roues sous un parapluie", c'était bien elle : une sorte de Ford T modifiable, ronde, apte à charger des poules, des sacs de ciment, un réfrigérateur, éventuellement une famille, en ville comme à la campagne, sur tous les chemins. Moquée à sa sortie en 1948, la "deuche" sera un des plus gros succès de l'histoire de l'automobile, et une icône supplémentaire accrochée dans notre imaginaire. Sa production ne sera arrêtée qu'en 1990, tant la demande s'obstinait : au total, Citroën en vendit près de 9 millions… Le deuxième enfant du couple Lefèvre & Bertoni a fait une belle carrière.

LA DÉESSE

Et le 5 octobre 1955 la DS fut dévoilée au Salon de l'automobile. Ce fut un choc qui retentit toujours. La rumeur avait excité journalistes et clients. La veille, les gens qui comptent l'avaient pu admirer à la concession des Champs-Élysées. L'avant-veille, c'était aux présidents de Renault, de Peugeot et de Panhard que le PDG de Citroën-Michelin, Robert Puisieux, avait montré sa déesse. Tous ces messieurs s'en étaient trouvés tout éberlués. Ils ne purent cacher leurs émotions. Alors, le

5 octobre, au Salon, la foule était gigantesque et enthousiaste. On se marcha dessus. Dans les rues de la capitale, une vingtaine d'exemplaires roulaient là où les gens se trouvaient, devant les cinémas, les lycées, les grandes brasseries. Les têtes se tournaient, on en était médusé. "Le choc de la nouveauté et la merveille étaient si fort[1]"... En une journée, Citroën vendit 20 000 DS, en dépit d'un prix très élevé et d'une impossibilité pour l'entreprise de fixer une date de livraison, parce que les chaînes n'étaient pas prêtes à absorber une telle demande et que la voiture n'était pas bien prête non plus. En dépit de pannes, de retards, la DS fut louée, vénérée dès sa naissance. Tombait-elle en panne qu'on trouvait cela excitant. Un phénomène extravagant qui en rappelle d'autres : ceux de la sortie des produits d'Apple.

Il faut dire que cette voiture rendit immédiatement obsolète toute la concurrence. La fée Lefèvre, s'étant penché sur son berceau, lui avait apporté des avantages : une centrale hydraulique pour gérer les freins, une direction assistée, une boîte de vitesses semi-automatique, des freins à disques, des phares qui suivaient la route et surtout une suspension dite "hydropneumatique" qui renvoya toute autre voiture au rang de véhicule blindé : la DS était un bateau qui filait, qui glissait, sans à-coup, quelle que soit la route. La preuve, à l'arrière, on avait le mal de mer! Ou plutôt... le mal de l'air : la ligne incomparable, jamais égalée, immédiatement entrée dans l'histoire du design et les livres d'art, était une aile d'avion renversée. Le magicien Flavinio Bertoni avait poussé l'exigence de beauté jusqu'à caréner le bas de caisse. Le profil de sa déesse épousait si bien son époque qu'il symbolise aujourd'hui les temps que d'aucuns croient révolus de la toute-puissance d'un pays remué par l'optimisme et l'envie créative : la DS rejoint, sur le drapeau tricolore, la Caravelle, le Concorde et le paquebot *France*. Il s'en vendit près de 1,5 million d'exemplaires

1. Je paraphrase Paul VI dans sa déclaration émue portant sur le premier alunissage.

dans le monde. Citroën s'endormit ensuite, accouchant tout de même de la SM puis de la CX, qui marquèrent leur temps par leur lot d'innovations et leur design novateur.

Depuis, l'auto est morte en France. Racheté par Peugeot, Citroën fait aujourd'hui comme la plupart des autres constructeurs : il remplit des niches marketing. Eh oui, cher lecteur, c'est bien l'inventeur de la DS qui a osé fabriquer la C3. Et la tragique AX. Quant à la nouvelle "DS", elle a autant à voir avec son glorieux ancêtre que la Picasso avec le peintre. Le pauvre Bertoni doit jouer aux petites voitures dans sa tombe.

SEUL LE CINÉMA CONNAÎT ENCORE *TUCKER*

Objet de beauté et de liberté, projection sociale, pilier industriel et premier débouché du pétrole, la voiture avait un monde à conquérir. Elle l'a fait en le remodelant, en modifiant profondément son organisation territoriale et sa psychologie. Au point d'être devenu un droit, affiché telle une prothèse. Il n'y avait pas de raison que l'ouvrier continuât d'aller à l'usine en vélo alors que le patron s'y rendait en voiture. L'auto pour tous, c'était une revendication sociale ! Idole indiquant la position sociale, l'âge, les revenus, l'automobile est devenue un rite et un mythe, le seul totem de notre civilisation technique, démocratique et orgueilleuse.

Ce totem, les marques l'ont sans cesse redessiné, rhabillé, reconstruit selon l'époque. Le cinéma en a fait un acteur principal, l'érigeant en fantasme. Comme la cigarette, la voiture est un objet érotique, attribut indispensable de l'icône hollywoodienne. Remplaçant le cheval des westerns, la bagnole longue comme un paquebot et chromée autant qu'une cuisine de cantine scolaire sera pour toujours le symbole aux ailes coupantes de l'Amérique pionnière, conquérante et violente. Les voitures des mafieux et des crapules des films de Martin Scorsese semblent faire le bateau sur la houle en montant sur les trottoirs. Elles ont autant d'importance que Robert De Niro, qui en sort, tout en mimiques. Frank Sinatra aurait-il pu chanter sans ses Cadillac ? Que serait Al Capone sans la Town Sedan de la même marque ? Bonnie et Clyde auraient-ils tant fait peur à l'Amérique profonde avec une autre voiture que leur Ford Model 18 ? Pensez "États-Unis", et voilà que la jeep Willys, les pick-up et le Hummer, la DeLorean de *Retour vers le futur*, la Ford Gran Torino de *Starsky et Hutch* (plus tard, celle de Clint Eastwood dans son film éponyme), la 403 décapotable de l'inspecteur Columbo et la Ferrari 308 GTS de *Magnum* surgissent devant vos yeux. Écoutez Bruce Springsteen et vous ressentirez l'importance charnelle de l'auto dans la vie du *working poor*. *Racing in the Street* entre vos deux oreilles, et une Sixty-nine Chevy vous rend amoureux…

En Europe, l'Allemagne. Existerait-elle autant dans notre imaginaire sans ses grosses berlines qui signent la réussite sociale, sa coccinelle si ronde et le combi Volkswagen tellement hippie ? Le président français Georges Pompidou et James Dean roulaient en Porsche 356. Jacques Mesrine, comme Bonny et Clide dans leur Ford, termina son existence dans une grosse auto qui faisait son époque, une BMW série 5, la grosse 528i. Quant à la Grande-Bretagne, elle ne brille plus que dans les reflets de la calandre d'une Rolls et d'une Bentley, et dans la boue – ça leur arrive d'en montrer – d'une "Range" ou d'une "Land" Rover. Les Jaguar ne grognent plus, malheureusement, car depuis qu'elles ont été rachetées par Ford, elles ressemblent à des Mondeo. Les hommes de l'ombre de Sa Très Gracieuse Majesté protègent toujours Sa couronne à l'aide d'une Aston Martin, d'une Bentley préhistorique ou d'une Lotus sixties : James Bond, John Steed et Emma Peel s'habillent haute-couture. Les fans des Beatles possèdent leur Mini, qu'un constructeur a eu l'intelligence de ressortir.

Fiat n'a pas fait mieux en recomposant sa 500, ce merveilleux pot de yaourt qui contribue autant (avec la 126, pour la taille petit-suisse) au prestige de l'Italie que Ferrari,

Lamborghini et Maserati. Les Français se sont incarnés dans la traction, la 2CV, la DS. Mais aussi dans l'Ami 6, la fameuse trois-chevaux, autre trait de génie de Bertoni, le styliste de Citroën. Renault leur a offert la 4L et la Méhari, qui roulent toujours et ont grandement fait pour l'image de la Gendarmerie nationale. Les bandits à chapeau roulaient autrement. C'est dans une 404 que Lino Ventura est monté à Paris pour rencontrer *Les Tontons flingueurs*. Peugeot, quelques décennies plus tard, inscrivit les années 1980 dans l'histoire en plaquant les trois lettres G, T et I sur une voiture sans âme portant les trois chiffres 2, 0 et 5. Elle tente de refaire le coup avec son informe 208, dont l'avant a visiblement été copié sur la face triste de la tortue luth.

Que serions-nous sans nos voitures ? Nous manquerions d'enfance. Notre âme chercherait une projection. Nos instincts attendraient des bruits. Or, depuis une vingtaine d'années, les automobiles ne ressemblent plus à rien, si ce n'est à des statistiques, ainsi que le résume Thomas Morales dans ses *Mythologies automobiles*[1]. "Aujourd'hui, [les voitures] ont tendance à nous assimiler, à nous fondre dans un même moule. Que vous le vouliez ou non, vous roulerez ou roulez déjà tous dans la même voiture qui, peu ou prou, ressemble à celle de votre voisin. Nous sommes entrés dans la société du clonage, de l'identique." Alors, à quoi bon ? Réduite à un produit par la finance et le marketing, l'auto est aujourd'hui méprisée pour les conséquences de sa multiplication sans frein. Ses formes passe-partout indiquent qu'elle veut se faire oublier. Alors oublions-la, en pensant très fort qu'une Aston Martin, c'est quand même la preuve que l'homme n'est pas tout à fait un singe comme les autres et que – c'est un athée qui vous le dit – Dieu existe.

Et puis, regardez *Tucker*, extraordinaire film de Francis Ford Coppola[2] sur ce constructeur génial qui, en 1948, aux

---

1. Thomas Morales, *Mythologies automobiles*, L'Éditeur, 2011.
2. Francis Ford Coppola, *Tucker: The Man and his Dream*, Lucasfilm Ltd, 1998. http://www.imdb.com/title/tt0096316/?ref_=fn_al_tt_1

États-Unis, inventa une auto avant-gardiste, une DS avant l'heure qui fut tuée par GM, Ford et Chrysler, effrayés par tant de nouveautés. Vous en ressentirez la force d'inventivité que la voiture a suscitée chez ses créateurs, que l'on ne retrouve guère que chez les inventeurs et les réinventeurs de l'avion. Visionnez dans la foulée *Cars*[1], sans doute la quintessence des émotions soulevées par la bagnole. La nostalgie qui en émane est sans fin. Car l'auto est arrivée à ses fins. À ses limites.

1. John Lasseter et Joe Ranft, *Cars*, Pixar Animations Studios, Walt Disney Pictures, 2006. http://www.imdb.com/title/tt0317219/?ref_=sr_1

III

POUR NE RIEN CHANGER, CHANGEONS DE MOTEUR !

C'est l'histoire d'un gogo à qui l'on demande depuis des années de soutenir l'industrie automobile nationale en subventionnant par ses impôts l'achat de véhicules qui lui coûtent beaucoup à l'usage. C'est l'histoire d'un gogo qui finance par ses impôts les soins médicaux délivrés aux dizaines de milliers de personnes qui, chaque année, voient leur état de santé s'aggraver à cause de la pollution de l'air. C'est l'histoire d'un gogo à qui demain l'on demandera de subventionner le remplacement de son propre véhicule par un nouveau modèle encore plus cher à l'usage. C'est l'histoire d'un gogo qui, dans son véhicule encore plus vert, ne pourra plus se rendre dans les centres-ville bientôt fermés à sa voiture. C'est l'histoire d'un gogo dont une partie des impôts sera dépensée pour repêcher les dizaines de milliers de salariés de l'industrie automobile nationale mis au chômage par la faillite d'une élite incapable de faire demi-tour dans la voie de garage qu'elle s'est choisie avec suffisance, et que le gogo aura contribué à rétrécir. C'est l'histoire du diesel en France. Qui éclaire sur le futur de la voiture et le devenir du tout-voiture.

LE DIESEL, UN AVEUGLEMENT COLLECTIF, LA BÊTISE D'UNE ÉLITE

Pays d'innovations, la France est avant tout une terre d'ingénieurs élevés en batteries. Ils bâtissent de fort belles choses, se font beaucoup plaisir en concevant ce qu'il y a de mieux, et ils n'imaginent pas que cela ne puisse plaire car ce sont là des aboutissements de l'état de l'art. L'ingénieur de grande école ne conçoit pas, il offre à l'humanité l'apogée de ses connaissances. Et si le succès n'est pas au rendez-vous, il s'obstine. Autrement ce serait déchoir. Il faut dire qu'il a le temps devant lui et le pouvoir avec lui : issus des mêmes grandes écoles, les membres de l'aristocratie française peuplent les mêmes "corps d'État" (prébende, en langage commun), se partagent les postes, dans le privé et le public, se fréquentent, se cooptent, se confortent, se protègent de la concurrence en ne recrutant que leurs semblables. Tout cela tourne en rond comme la fumée des cigares dans un club de lords britanniques, comme la chevalerie à Poitiers barbotant sous la pluie et les flèches anglaises.

Voilà pourquoi on a tant tardé, en France, à mettre un terme au règne de la mine, de la sidérurgie, du textile, dans des régions que l'on avait rendues mono-industrielles. Voilà pourquoi... le paquebot *France*, le Concorde, la fibre optique, le plan "informatique pour tous"... La France n'est bien entendu pas seule dans le club des créateurs d'échecs industriels, loin s'en faut – l'échec industriel est d'ailleurs inhérent à la prise de risque, et trouve rarement pour origine un défaut technologique, plutôt une inadéquation à la demande sociale et un manque de marketing. La France les a accumulés, tout de même. La prochaine victime de son obstination est déjà connue, c'est le diesel.

Encore un miracle français, un apport gaulois au bien-être des peuples. Comme pour l'amiante, l'élite cocorico a fait mine de s'apercevoir, début 2013, une bonne trentaine d'années après tout le monde (les premiers rapports sanitaires datent du début des années 1980), que ce carburant est toxique. À lire les réglementations présentes et à venir, on peut affirmer que l'éponyme de Rudolf Diesel sera interdit en Europe avant cinq ans. L'élite française s'est pris par la même occasion l'élastique fiscal dans la figure, et cela lui a fait un peu mal. Il faut dire que durant trente ans de politiques de soutien, le sandow avait eu tout le temps de se tendre.

La Cour des comptes[1] a fait son métier, et elle a constaté 8 milliards d'euros en moins chaque année dans les caisses de l'État français à cause des taxes plus faibles sur le carburant et de subventions professionnelles généreuses (les professionnels peuvent déduire de leurs impôts 80 % de la TVA sur le diesel, par exemple), auxquels la Cour n'a pas omis d'additionner 9 milliards par an de déficit commercial entre l'essence que la France exporte en masse et le diesel qu'elle importe en majorité pour alimenter son parc automobile. Le tableau n'est complet qu'avec, en 2014, les 11 millions à venir d'amendes infligées par la Commission européenne[2], qui pourraient être multipliées par dix pour cause d'irrespect des normes de la qualité de l'air dans les grandes villes françaises, imputables en partie au diesel (240 000 € d'amendes par jour de constatation de dépassement des normes…). Cela fait beaucoup, en période de crise ! Or les constructeurs français ont tout misé sur le diesel.

ET LE DIESEL SAUVERA PEUGEOT !

Le problème du diesel est la conséquence de son principal avantage, sa capacité à entrer en combustion tout seul, sans l'aide d'une flamme.

Le carburant est introduit dans les cylindres au moment où la pression qui y règne est suffisante pour provoquer son inflammation. Dans un volume fermé, les règles de la physique sont têtues : le carburant, liquide, passe à l'état de vapeur de façon progressive (d'où la détonation, particulière au diesel) et hétérogène ; sa combustion est donc

1. Voir http://www.ccomptes.fr/Actualites/A-la-une/Les-depenses-fiscales-rattachees-a-la-mission-ecologie-amenagement-et-developpement-durables-et-relatives-a-l-energie
2. Voir http://europa.eu/rapid/press-release_IP-11-596_fr.htm?locale=en

incomplète, et des suies apparaissent. Composées de carbone pur, elles sont pour l'essentiel oxydées en CO_2, mais il en reste, qui s'échappent et font de la fumée. Elles forment avec les gouttelettes de carburant, miraculeusement épargnées par la combustion, les fameuses microparticules dont on a prétendu redécouvrir l'existence en 2013, ainsi que les dioxydes d'azote. Le monde savait cette toxicité, pas la France, cet étrange pays où un ingénieur était parvenu au début des années 1980 à transformer le diesel en carburant aussi propre que l'eau de source par des miracles de communication. Une star.

Ex-élève de l'ENA, la principale fabrique d'élites de la République française, Jacques Calvet reçut en 1982 le SOS de la famille Peugeot. La firme au lion était au plus mal. Regroupée dans la holding PSA, après qu'elle eut racheté Citroën en 1976, elle voyait ses ventes baisser parce que ses modèles vieillissaient tandis que ses coûts de production s'accroissaient. Le succès planétaire de la 504 n'avait pas été renouvelé. De 1983 à 1997, M. Calvet entreprit donc de purger le malade. Il négocia avec les syndicats qui bloquaient les usines de façon chronique, restructura le groupe, mit en place une banque de pièces communes pour en finir avec les coûteux doublons, lança deux modèles fameux, la 205 chez Peugeot, la BX chez Citroën, licencia ou ne remplaça pas 50 000 personnes. Surtout, celui qui prononçait "woature" quand il pensait "voiture" fixa un objectif incroyable à PSA : devenir le leader mondial du diesel, moteur qui n'intéressait pas grand-monde parce que c'était compliqué et polluant.

PSA investit massivement en recherche et développement. Pour que cela pût être amorti, il fallait cependant que de l'argent rentrât. Donc que les voitures diesels, plus chères à l'achat, se vendissent nombreuses. Consultant son carnet d'adresses, le médiatique patron n'eut pas grand mal à convaincre ses copains de promo de divers gouvernements de la République de prolonger et d'améliorer encore la détaxation du carburant. Une autre histoire bien française.

ET LE GAZOLE DEVINT BON MARCHÉ...

Bien que peu taxé – dans toute l'Europe – depuis la fin de la Seconde Guerre mondiale (il fallait alors relancer l'agriculture et le transport de marchandises), le diesel, moins cher à la pompe, était le carburant de voitures très coûteuses à l'achat. La reconstruction achevée, la relance économique largement atteinte, nombre de pays revinrent sur la détaxation qui n'avait plus lieu d'être. En France, au contraire, les gouvernements renforcèrent le dispositif, pour une raison surprenante : le lancement du programme électronucléaire au début des années 1970 allant priver les raffineries du débouché du chauffage au fioul, condamné à être remplacé par des radiateurs électriques, l'État leur ouvrit les réservoirs des automobiles en accentuant la détaxation du diesel, lequel n'est jamais qu'un fioul un peu moins riche en soufre.

Revenons-en à Calvet. Avec son projet, les conducteurs s'y retrouveraient. Pour que le soutien fût complet et l'amortissement plus prompt, Jacques Calvet obtint aussi que l'État vînt directement en aide au consommateur en lui versant des primes pour l'acquisition d'un véhicule neuf. Le gouvernement d'Édouard Balladur, copain de classe à l'ENA, décréta donc les "Balladurettes" entre février 1994 et juin 1995. Puis celui d'Alain Juppé les "Jupettes" d'octobre 1995 à 1996. Des sous versés au consommateur pour l'achat d'un modèle neuf, contre la mise à la casse de son auto âgée de plus de dix ans, pour les Balladurettes, et de plus de huit ans, pour les Jupettes. Bingo pour les marques françaises, pour les diesels de PSA en particulier. Plus de 1,5 million d'automobiles neuves furent vendues grâce à ces aides, qui auront coûté à l'État autour de 1,5 milliard de francs de l'époque.

Les primes à la casse se sont succédé pour la raison simple qu'après les Balladurettes, le marché s'était logiquement effondré : la prime avait créé un effet d'aubaine, qui disparut avec elle. L'on rhabilla donc les Balladurettes en Jupettes, pour assister à nouveau au spectacle identique : augmentation des ventes dans les derniers mois de la prime, effondrement dans le semestre suivant, marasme ensuite. La "prime à la casse", sorte de "Sarkozette", décidée en 2008 sous la présidence de Nicolas Sarkozy, en finança une énième représentation. En deux ans, plus de 400 000 véhicules ont été immatriculés grâce à son appui. Mais dès le début de l'année 2011, les ventes se sont à nouveau effondrées et n'ont pas cessé de descendre depuis. Cela a coûté plus de 2 milliards d'euros à l'État, pour un bénéfice de la taille d'une microparticule.

Et l'on reparle vaguement d'une nouvelle prime à la casse, cette fois-ci… pour inciter le consommateur à passer à l'essence, en menant sans doute à la destruction son diesel acheté avec la prime précédente. Le génie français, c'est ça, aussi.

… AVANT DE DEVENIR BON POUR LA PLANÈTE

Un milliard de prime à la casse, plus un milliard de bonus-malus. Deux milliards de dépenses publiques englouties par l'industrie automobile afin qu'elle survive en pondant du diesel : près de 60 % de l'entièreté du parc automobile français roule au fioul, et 77 % pour les voitures les plus récentes. En 1979, ce taux était d'à peine 4 % pour l'ensemble du parc. En Europe, il n'y a guère que le Luxembourg, la Norvège et l'Irlande qui ont fait mieux. Pourquoi ce succès français ? Outre le régime de taxe très favorable, il y a un double coup de génie marketing.

Pour vendre du diesel, les publicitaires ont d'abord insisté sur le fait qu'avec lui, l'automobiliste ferait des économies, ensuite que c'étaient là de puissantes autos très modernes ; en outre, ces derniers temps, les publicitaires nous affirment, plaçant la berline dans une verte campagne, que le diesel, c'est propre comme un bébé sortant de son bain. Bon pour la planète. É-co-lo ! Le conducteur essence est aujourd'hui un plouc quand ceux qui ont un DCI sur le coffre sont les modernes. Par quelle étrange malice en est-on arrivé là ? Parce que le diesel émet moins de CO_2 au kilomètre parcouru ! Or le CO_2 est l'ennemi de l'humanité. Donc le diesel est son ami. L'obsession du réchauffement climatique a érigé en bâton-totem le dioxyde de carbone. L'abattre, c'est nous sauver. Le génie des publicitaires a été de le présenter comme un polluant, ce qu'il n'est pas, vu qu'il n'est pas toxique. Or, une fois le CO_2 décrété nocif, un dispositif émettant moins de CO_2 n'est pas seulement bon pour la planète, mais aussi, et surtout, bon pour la vie car moins polluant ! C'est pourquoi le moteur diesel est devenu écologique.

Au cas où le consommateur n'aurait pas bien compris, le bonus-malus lui a été collé sur le pare-brise. À partir de 136 g de CO_2/km, la voiture neuve qui essaie de vous attirer en concession vous vaudra une punition de 100 €. Au-delà de 201 g/km, seuil rapidement atteint avec un gros 4x4 ou un vieux monospace des familles nombreuses, la gentillesse se monte à 6 000 €. Souhaitez-vous sauver l'humanité ? Alors, en deçà de 105 g/km, sachez que la République vous versera 200 €. Et même 7 000 € si vous optez pour un véhicule électrique, dont les émissions ne dépassent pas les 20 g (en théorie, voir p. 90). Avec un tel barème, les véhicules diesel sont ultrafavorisés ; en effet, ils émettent forcément moins que les modèles à essence, car ils consomment moins. Pour être sûr que les professionnels assimilent bien le message, le gouvernement français a également assis la taxe sur les véhicules de société (la TVS), bons clients de PSA et Renault, à la fois sur la puissance des moteurs et leurs émissions de CO_2. Or, en France, le hasard fait bien les choses : plus de 80 % des voitures de fonction tournent au mazout.

L'autre coup de génie marketing a consisté à nous faire croire que moins on consomme, moins on pollue. Il se trouve pourtant que, pour aucun polluant étudié (les oxydes d'azote, les hydrocarbures imbrûlés, le monoxyde de carbone, les microparticules, etc.[1]), il n'existe de corrélation entre sa concentration dans les gaz d'échappement

1. Voir notamment http://www.vcacarfueldata.org.uk/downloads

et la quantité de carburant que l'auto a brûlée. D'ailleurs, entre deux voitures de même type répondant aux mêmes normes, on n'obtient jamais les mêmes chiffres. La relation entre consommation et émission n'existe que pour le dioxyde de carbone, ce qui est logique, vu qu'un carburant est composé de carbone. Et là, surprise ! Il apparaît que le diesel émet… plus de CO_2 que l'essence ! Logique, là encore, car il est constitué de molécules plus longues, donc plus riches en atomes de carbone. Lors de la combustion, cela libère forcément plus d'énergie. Et donc plus de CO_2. La différence est de 12 %. Or, miracle, on ne la voit pas, cette différence, en raison même du contenu énergétique plus important du diesel : il en faut moins pour avancer d'un kilomètre !

LES ARTIFICES DES ÉMISSIONS DE CO_2

Pas sûr. Il faut voir à l'usage, comme disait ma grand-mère. On considère en général qu'une automobile a envoyé une fois et demie son poids en CO_2 dans l'air avant même d'avoir fait roucouler son premier piston. Le vertueux acheteur d'une auto verte acquiert en réalité une dette en carbone, qu'il lui faudrait ajouter aux émissions affichées par kilomètre pour en connaître le coût réel. En clair, diviser la masse de carbone émis par la fabrication de la belle auto neuve (en général 7 à 8 t) par la masse de carbone que celle-ci, en regard de l'ancienne, revendue, a permis d'éviter de lancer dans l'atmosphère (vous multipliez le différentiel entre les deux voitures par votre kilométrage et cela vous donne vos émissions à l'année). Cela donne quelques longues années (8 à 15 en moyenne), durant lesquelles le vertueux chauffeur devra rouler, en tout cas ne pas revendre sa nouvelle automobile, pour amortir cette dette en carbone. Comme un crédit. Ou bien, s'il décide de revendre avant l'échéance, l'automobiliste devra avoir roulé plus pour émettre moins au kilomètre. Soit bien au-delà de ses 15 000 km annuels moyens, qui ne lui permettent déjà pas de rentabiliser financièrement son diesel !

Pas fameux. C'est pire encore.

Car les émissions des autos, telles qu'elles sont affichées, sont fausses ! Il faut les rehausser d'une bonne quinzaine de pour cent, au moins, pour tenir compte du cycle de vie de la voiture. Bien davantage, en fait : chacun de son côté, la Commission européenne et The International Council of Clean Transportation[1] ont en 2012 et 2013 démontré que 30 % environ des réductions d'émissions constatées sur les gammes des constructeurs européens s'expliquaient par la manière généreuse avec laquelle ceux-ci les mesuraient. Des méthodes qui n'ont pas changé depuis les années 1950. Même sans compter l'amortissement du carbone émis par sa fabrication, une auto neuve émet bien plus qu'il n'est dit par le vendeur.

Les industriels ne peuvent-ils faire autrement ? Si, mais procéder de la sorte leur évite des amendes ! La Commission européenne a mis en place un système de malus qui se déclenchera bientôt, dès lors que les objectifs assignés ne seront pas respectés : en 2015, les voitures neuves ne devront pas émettre (en théorie) plus de 130 g/km de CO_2, puis 95 g/km en 2020[2]. Un effort très important est donc demandé aux constructeurs, car la base de comparaison se situe en 2007, année où les émissions moyennes constatées étaient de 167 g/km. En 2015, mettre sur le marché une voiture crachant plus coûtera 5 € pour le premier gramme par kilomètre de dépassement, puis 15 € pour le deuxième, 25 € pour le troisième et 95 € pour les grammes supplémentaires. La douloureuse sera effroyable à partir de 2019, car dès cette année-là chaque gramme de CO_2 par kilomètre au-delà de la norme sera facturé directement

1. Voir http://ec.europa.eu/clima/policies/transport/vehicles/cars/docs/report_2012_en.pdf, et http://www.theicct.org/sites/default/files/publications/ICCT_EU_fuelconsumption2_workingpaper_2012.pdf
2. Les émissions sont calculées sur 65 % des meilleurs résultats de la gamme entière. En 2020, ce sera sur 100 %.

95 € ! Pan ! PSA & Co ont donc tout intérêt à faire baisser la note. Cela dit, la Commission, bonne fille, leur a offert un biais dans lequel ils se sont allègrement engouffrés.

Les émissions à ne pas dépasser sont en effet calculées au regard des émissions moyennes… de la gamme entière de chaque constructeur. Ainsi, pour faire baisser celles-ci, rien de plus simple que de garnir son catalogue de petits véhicules diesels, mieux, de quelques modèles électriques. Cela permet de continuer à vendre des gros modèles, l'essentiel étant que la moyenne de la gamme demeure sagement à distance du martinet de la punition. Pour le Centre d'analyse stratégique français (CAS), l'affaire est claire comme un litre d'huile : "Ces mesures [les pénalités] peuvent conduire des constructeurs spécialisés dans les véhicules thermiques puissants à mettre sur le marché des modèles tout électriques pour la seule raison que ce serait moins coûteux que de payer des pénalités pour dépassement des limites d'émissions fixées par la réglementation européenne[1]."

Ainsi, même en offrant sa novatrice Tweezy aux ados, ciblés par cet intéressant concept urbain, Renault ne perdrait pas d'argent ! Voilà qui pourrait expliquer en partie ce constat fait par le CAS et les spécialistes du secteur : "Il est significatif que les ensembliers sous-traitants des grands groupes se plaignent de façon récurrente de la frilosité de ces derniers à intégrer leurs dispositifs [novateurs] pour des raisons de coût, de fiabilité ou d'indifférence commerciale, alors même que se développent actuellement à grands frais des initiatives industrielles et commerciales portant sur des véhicules hybrides ou électriques manifestement plus coûteux et plus contraignants que les véhicules conventionnels[2]." La mode de l'électrique ne semble pas révolutionner le train-train de nos constructeurs, confits comme des oies dans le bon gras de leurs routines. Elle n'est qu'une

---

1. Jean Syrota, rapport *La Voiture de demain : carburants et électricité*, juin 2011. Disponible sur : http://www.strategie.gouv.fr/content/rapport-la-voiture-de-demain-carburants-et-electricite-0
2. *Ibid.*

astuce pour éviter l'amende. On connaissait la fraude fiscale légale, voilà maintenant la fraude au CO_2 autorisée.

VERS L'INTERDICTION PURE ET SIMPLE DU DIESEL

La focalisation sur le seul dioxyde de carbone a totalement obéré la réalité de la pollution et de la nocivité du carburant. Mais puisque l'on vous dit que le diesel est propre ! L'on redécouvre donc, en France, à l'occasion du classement en juin 2012 par l'Institut international du cancer[1] des particules fines du diesel dans la liste des carcinogènes certains (dès 1988, le même IRC avait inscrit ces particules parmi les carcinogènes "probables"), qu'il n'en est rien. Qu'on a menti aux Français. Le moteur diesel serait donc bien plus polluant que le moteur essence !? Eh oui… Certes, les modèles âgés de moins de deux ans émettent bien moins de microparticules et de dioxydes d'azote que les précédents grâce à leur filtre à particules (FAP) et à leur vanne EGR. La quasi-totalité des modèles achetés grâce à la prime à la casse, fabriqués à l'étranger, rappelons-le, étaient malheureusement des petites autos, qui n'en étaient pas équipées. L'obligation ne date que du 1er janvier 2011.

L'auraient-elles été que cela n'eût pas changé grand-chose : pour que le FAP fonctionne, il faut qu'il soit traversé par des gaz à une température qui n'est atteinte que si le moteur a tourné assez vite et assez longtemps. Or ce régime, le moteur y parvient trop rarement dans des autos empêchées par les ralentissements. Il fonctionne mal, claque, surconsomme, s'encrasse. Le FAP devient inopérant. Tout bouché. Et la voiture tombe en panne. Les retours au service après-vente des modèles diesels récents doivent leur multiplication à l'inadéquation entre le régime de conduite et les impératifs des mécanismes antipollution. Pour que cela marche, il s'agirait en réalité que

1. Voir http://www.iarc.fr/en/media-centre/pr/2012/pdfs/pr213_E.pdf

l'automobiliste s'adapte à son auto ! Bilan des courses : en ville, les voitures neuves "primées" et "bonusées" émettent quinze à vingt fois plus de microparticules et de dioxydes d'azote que leurs équivalents essence. Une victoire.

Laquelle annonce une défaite grandiose. L'évolution des normes européennes en matière de rejets polluants (on en est à Euro 5, on en sera à Euro 6 en 2015[1]) oblige les constructeurs à améliorer encore leurs moteurs et les équipements de dépollution fixés dessus. Or tout cela a un coût, tant sur le prix de vente final que sur la fiabilité : les diesels tombent déjà en panne parce qu'ils sont trop complexes pour être utilisés efficacement, alors demain, avec une norme Euro 6 particulièrement restrictive… Un coût d'autant plus élevé que, alerté par sa Cour des comptes[2], l'État français s'est engagé dans une longue, une très longue réflexion sur la hausse des taxes afin d'aligner diesel et essence, comme il avait d'ailleurs souhaité le faire en 2000. Pour de bonnes raisons sanitaires évidentes (les allergies dont les microparticules émises par le diesel sont en partie responsables coûtent près de 5 milliards d'euros à la Sécurité sociale), en réalité pour une simple question d'argent (entre 7 et 8 milliards d'euros, cela représente un joli manque à gagner !). Le gouvernement pourrait aussi s'attaquer aux innombrables avantages fiscaux dont il fait bénéficier depuis les calendes grecques les transporteurs routiers, les agriculteurs et les véhicules de société[3]. Mais avec quelques camions et tracteurs, on bloque l'entrée d'une ville. C'est donc sur l'automobiliste moyen que reposera l'effort. Celui-là, qui a financé les primes à la diésélisation, paie cher chaque jour l'usage de son diesel et paiera encore plus cher demain.

---

1. Voir http://europa.eu/legislation_summaries/internal_market/single_market_for_goods/motor_vehicles/interactions_industry_policies/l28186_fr.htm
2. *Ibid.*
3. La récupération de 80 % de la TVA sur le diesel, la TVS calculée sur les émissions de CO_2… Voir p. 63.

Plus qu'on ne l'imagine en réalité, car, depuis avril 2011, la Commission européenne a dans ses tuyaux un projet de fiscalisation des carburants fondé non plus sur leur consommation par kilomètre, mais sur leur contenu énergétique[1]. Horreur ! En effet, le diesel se retrouverait plus cher que l'essence dans la mesure où il contient 12 % d'énergie potentielle supplémentaires. Ajoutons à cela la possibilité d'une taxe carbone, en discussion dans presque tous les pays de l'Union, et la facture serait aussi difficile à avaler qu'un seau de bitume. Gageons cependant que le gouvernement français inventera une nouvelle prime, comme l'a suggéré l'amusant ministre du Redressement productif, Arnaud Montebourg, en mars 2013. Une prime pour… "de-diéséliser" le parc automobile français ! Il y a des trésors d'humour cachés sous les lambris de la République. Laquelle, sous contrainte européenne, incite agglomérations et collectivités locales, *via* leurs schémas régionaux climat air énergie (SRCAE), schémas de cohérence territoriale (Scot), plans de déplacement urbain (PDU) et autres plans de protection de l'atmosphère (PPA), à limiter toujours davantage l'usage des véhicules les plus émetteurs d'éléments allergènes et carcinogènes, au premier rang desquels on trouve, de très loin, le diesel.

DES CYLINDRES AUSSI COMPLEXES QUE DES LABORATOIRES

Exit le diesel. Une parenthèse coûteuse. Le moteur à combustion ? Ingénieurs et chercheurs sont tous d'accord pour affirmer à l'enquêteur que c'est une technologie finie, au sens où elle ne peut pas être modifiée en profondeur. Ce sont les lois de la physique qui le veulent : la combustion interne sera toujours la même, les principes du moteur à explosion n'ont pas varié depuis son invention, parce

1. Voir http://ec.europa.eu/taxation_customs/taxation/excise_duties/energy_products/legislation/index_fr.htm

que c'est impossible. En revanche, elle peut être améliorée, elle l'a d'ailleurs été, beaucoup, elle l'est aujourd'hui moins, parce que, à force, on ne bouge plus les curseurs que sur des micromètres. En automobile comme en footing, les progrès sont importants et rapides au début, puis on constate que l'on passe de plus en plus de temps pour s'améliorer très peu, et l'on finit par ne se préoccuper que de détails.. Pour nos moteurs à explosion, les perfectionnements, phénoménaux en termes de consommation, de puissance, d'agrément de conduite, sont désormais asymptotiques. La quadrature du cercle a été atteinte. Mais il reste quelques belles marges de manœuvre.

En 1980, à poids égal, une voiture du type 504 consommait une dizaine de litres aux cent kilomètres. La 508 millésime 2012 en avale presque deux fois moins (mais la 208 GTI, nouvelle coqueluche de PSA, tout autant!). Difficile de faire mieux, tout en polluant beaucoup moins et en restant fiable. Nos voitures sont parvenues au maximum théorique de leur rendement énergétique (c'est-à-dire la part de l'énergie potentielle du carburant transformée en énergie mécanique). Les "essence" plafonnent à 35 %, tandis que les "diesels" ne dépasseront que de très peu les 40 %. Le double en un siècle. Le reste de l'énergie libérée? Il part en chaleur, ce dont on se réjouit lorsqu'il fait froid. Ces chiffres sont excellents. Des rendements supérieurs ne sont en effet mesurés que sur les énormes machines des gros bateaux, qui affichent un bon 50 %. Comment gratter quelques pourcent supplémentaires? Comment, avec ces mêmes valeurs, obtenir plus de chevaux mangeant moins de foin?

En moyenne, lorsqu'une voiture roule tranquillement, elle perd donc 40 % de l'énergie libérée par le carburant dans la chaleur des vapeurs d'échappement, 20 % par l'échauffement du moteur, lequel consomme également, pour son fonctionnement, quelques petits pour-cent supplémentaires. Où donc mettre des bouchons? La question est plutôt : quels bouchons installer?

L'injecteur en est un. Introduisant sous très haute pression l'essence directement dans le moteur (on en est à

2 000 bars !), il soulage le piston, lequel, en gros, a moins de trajet à faire. Du coup, celui-ci consomme moins de kilowattheures. Le compresseur amène quant à lui plus d'air dans les cylindres, vu qu'il... le comprime. Avec plus d'air, le moteur développe plus de puissance, à quantité d'essence égale. Grâce au turbocompresseur, entraîné par les gaz d'échappement, le moteur n'est comprimé qu'à partir d'un certain régime, ce qui améliore encore son rendement. Tout cela, combiné, a permis de gagner de la puissance. Plus encore après une refonte complète du dessin et de l'usinage des cylindres et de l'admission, une commande électronique individuelle de chaque soupape et de chaque piston, améliorations qui permettent une inflammation beaucoup plus rapide du mélange parce qu'elle se fait en plusieurs endroits, sous la commande d'un système informatique complexe et donc fragile.

MAIGRIR POUR MIEUX GROSSIR

Toutes ces améliorations, fruits d'un travail d'orfèvre de modélisation de la composition et de l'allumage du mélange, ont été associées au fameux *downsizing* : dans un moteur plus petit, il y a moins de frottements des pièces, donc une moindre consommation d'énergie ; en outre, un moteur plus petit, moins lourd, demande moins d'énergie pour être traîné. Or on sait depuis Cugnot[1] qu'en automobile, le poids est l'ennemi de la sobriété. La réalité de la recherche et développement de la plupart des constructeurs est bien là ; elle ne réside ni dans l'électrique, ni dans la pile à hydrogène, qui ne sont que de nouveaux gadgets marketing.

La miniaturisation du moteur est pourtant en partie contredite par l'effet rebond. Celui-ci est un défaut de notre faible nature humaine. Ce que nous économisons, nous le dépensons. Alors, puisque nos moteurs sont

1. Voir premier chapitre.

plus petits, nous en profitons pour combler les kilos perdus par des équipements supplémentaires, ou bien, avec des moteurs de même taille mais plus puissants qu'avant, nous faisons de même afin de profiter des kilowattheures offerts. Le gain en consommation théorique permis par l'allègement et la sophistication des moteurs a du coup été en grande partie avalé par l'alourdissement des véhicules !

Équipements de sécurité, de climatisation, d'isolation, de confort, électronique embarquée, et voilà cent à deux cents kilos de plus dans une auto taille Kangoo. Génération après génération, les voitures ont un cœur plus petit, mais des organes plus nombreux et un corps toujours plus massif. Il n'est qu'à voir l'évolution de l'icône Golf depuis sa sortie. Elle en est à sa septième génération, toujours plus pataude et massive. Tous les modèles de voitures sont modernisés par un régime drastique qui précède l'atelier d'engraissement. Les constructeurs sont schizophrènes, ou bipolaires, on hésite. Les modèles sortent des usines, plus hautes, plus larges, plus longues, plus équipées, plus lourdes. Plus "habitables" : les commerciaux, lucides, n'ont plus que cet argument de vente, il est vrai plus sexy que celui du *downsizing* ("changez votre grosse auto pour une plus petite, qui roulera aussi vite", ça ne déclenche pas nécessairement l'achat, encore largement focalisé sur la taille de la bête), qui contredit le suivant, celui sur la sobriété et l'amour de la planète (les deux vont ensemble). À la pompe, avec cette démesure née de la modération des moteurs, c'est un demi à un litre aux cent kilomètres qui aurait pu être gagné, et qui a été perdu. Malgré tout, une voiture de type Clio, qui avançait grâce à un moteur de deux litres de cylindrées il y a cinq ans, n'a plus besoin aujourd'hui que de 1,6 litre, et 10 % environ de carburant en moins pour faire cent kilomètres. Imaginons ce dont elle serait capable avec moins d'embonpoint[1] ! Mais la tendance semble bien être à l'amaigrissement en 2013.

1. Voir également p. 110.

Les marges de progrès existent encore, parce qu'elles sont déjà là, cachées derrière le superflu du confort. Elles se feront toutefois aux dépens du gazole. À lire en effet les informations techniques et de consommation des différents modèles de chaque gamme, on se rend compte, sans être sorti premier de l'école des Mines, qu'il n'y a plus grande différence entre diesel et essence. Puissance, cylindrée, émissions de CO_2, consommation, ça converge. Aujourd'hui dans le haut et le milieu de gamme, demain pour tout le monde, les moteurs à essence dits "haute pression" sont aussi performants que les moteurs diesels, les microparticules et les dioxydes d'azote en moins. Un peu de benzène en plus. Bien que le gazole reste plus énergétique (donc plus émetteur de CO_2...), son avantage sélectif a déjà disparu. D'autant que les moteurs qui l'utilisent seront toujours beaucoup plus lourds (cent à deux cents kilos) que les moteurs à essence. Toutefois, cette convergence, de même que le traitement – théorique – de la pollution, se paie au prix d'une complexification ahurissante des mécaniques, celles-ci ne pouvant plus fonctionner sans une multitude de capteurs assurant que le bon mélange arrive dans les cylindres toujours au bon moment pour subir le meilleur allumage possible afin de délivrer la puissance adéquate, tout en restant dans les clous des normes de pollution de l'air. Or, complexité rime avec fragilité... et cherté. Les pannes à répétition des moteurs diesels modernes, monstres d'électronique, sont de réjouissants augures pour les garagistes du futur[1].

Dans quelques années, les concessionnaires ausculteront plus souvent des automobiles allégées par les matériaux composites qui consommeront moins de quatre litres aux cent kilomètres pour les berlines, trois pour les petites citadines. Une diminution de l'ordre de 25 à 40 % qui se paiera au prix fort, les fabricants ne s'en cachent pas. Pour faire moins encore, il s'agira de continuer à alléger, de réduire la taille, mais ce sera de moins en moins rentable,

1. Voir chapitre IV.

à tous les sens du terme. Et si l'on changeait alors de carburant ?

DE L'ESSENCE VERTE, MAIS PAS MÛRE

Dans une chaîne très haute fidélité, on entend vite la différence entre un MP3 et un format non compressé. À un palais très éduqué on n'ose pas proposer une vieille vinasse. Dans une voiture moderne, les moteurs ont atteint un tel niveau de raffinement que la seule façon de les améliorer encore serait peut-être de leur donner à manger un carburant fait exprès pour eux. Du grand cru. À chaque moteur il y a une huile spécifique ; demain, lui faudra-t-il son essence ? Une composition moléculaire, une viscosité calculée pour un type particulier de mécanique ?

Sans doute pas, car la production d'essences de synthèse est aussi complexe que coûteuse, sans parler même de l'empreinte environnementale ni de la consommation d'énergie de la fabrication. Les essences synthétiques, c'est bien pour les Formule 1, qui en ont les moyens. Pour une Polo Up, en revanche… Et l'on n'imagine pas des dizaines de pompes à essence différentes dans chacune de nos stations-service. Pour la voiture banale, les bio-agrocarburants seront-ils une solution satisfaisante ? La réponse est simple comme un coup de frein : non plus. Qu'il soit un alcool (l'éthanol, pour les moteurs à essence, produit à partir de céréales, de betterave ou de canne à sucre) ou une huile (brute ou modifiée, "estérifiée" – le diester, pour les diesels, extraite de plantes oléagineuses telles que le tournesol ou le soja), un carburant d'origine agricole délivre une énergie plus ou moins inférieure, par litre, à l'essence et au diesel. Seul l'éthanol tient vraiment la comparaison. Et si l'on ôte de cette énergie celle qui a été consommée pour produire, récolter et transformer les plantes considérées, le bilan est nul. Au mieux. Sans compter que, dans l'hypothèse où nous souhaiterions substituer tout le diesel et toute l'essence que nous brûlons par des alcools et des huiles végétales, la surface agricole du monde entier n'y suffirait pas. Et nous n'aurions plus rien à manger. Le rendement énergétique brut des plantes est en effet trop faible : pour produire l'équivalent d'une tonne de pétrole brut, il faut cultiver au moins un hectare. Pas en bio, mais de façon intensive, sinon le rendement serait encore moins favorable. Les bio-, agro-, agri-carburants, les termes sont nombreux, ne sont donc absolument pas la solution universelle nous assurant un avenir postpétrole. Bien au contraire. Ils ne trouveront leur intérêt que dans des marchés de niche, comme celui… des engins agricoles. Un cultivateur de canne, de blé ou de maïs est parfaitement capable de remplir ses réservoirs avec son propre carburant ! Encore s'agit-il de lui en donner le droit. Et que ce qu'il produit pour ses tracteurs ne soit pas prélevé sur ce qui devait nous nourrir.

Toutefois, les carburants végétaux de demain, pas avant cinq ans, au moins, ceux de "seconde génération", pourraient se révéler intéressants. Ce sont pour le coup de réels carburants de synthèse, car ils sont fabriqués comme à l'époque du IIIe Reich ou du temps de l'apartheid, où l'on produisait de l'essence à partir du charbon en temps de manque de pétrole.

Charbon, gaz, pétrole, végétal, animal, tout cela, c'est de la matière organique. Du carbone et de l'hydrogène. En extrayant ces deux atomes, on fabrique facilement… des hydrocarbures. Les processus, connus depuis le début du XIXe siècle, ont été très améliorés dans les années 1930 par deux scientifiques allemands, Fischer et Tropsch. Le chemin est assez simple : prenez un arbre, un tas de charbon, du méthane, un cadavre de vache, des déchets de cantine, transformez-les d'une façon ou d'une autre en gaz, puis liquéfiez celui-ci. Raffinez comme vous le feriez d'un bon vieux pétrole but, réservez, et servez en station-service. C'est prêt ! Ou bien liquéfiez dès le départ, combinez le tout avec de l'hydrogène, et servez à température.

En pratique, l'affaire est un tantinet plus complexe. Les procédés CTL (*coal* – "charbon" – *to liquid*), GTL (*gas to liquid)* et BTL *(biomass to liquid)*, s'ils fournissent notamment des gazoles remarquables, plus énergétiques (leur indice de cétane, qui mesure la capacité à entrer en combustion, est très nettement supérieur à celui du diesel classique) et bien moins polluants, sont… très consommateurs en énergie. Les émissions de CO_2 sont également au sommet, en particulier dans le cas du CTL, le charbon étant une bombe à carbone. Associé à la séquestration du CO_2 produit, une technique toujours balbutiante, le procédé Fischer-Tropsch pourrait néanmoins se révéler moins coûteux pour l'atmosphère. De même, si ce procédé était modifié de façon à produire à la fois du carburant, de l'électricité et de la chaleur, une telle "trigénération" améliorerait le bilan. En ce qui concerne le BTL, dès lors que la biomasse utilisée est en quantité inférieure à celle qui est produite naturellement, le bilan carbone est acceptable.

Tous les pétroliers travaillent sur ces filières, et les armées des pays riches s'y intéressent afin de moins dépendre de leurs fournisseurs en pétrole. Compte tenu du coût gigantesque des installations à imaginer pour entrevoir un semblant de production industrielle de grande ampleur, et du bilan énergétique fort peu amusant à l'heure actuelle, on n'est tout de même pas près de se passer du pétrole. Le "diesel propre" ne sera pas la vedette du prochain salon de l'auto.

Viendra-t-il de la mer ? Les bio-, agro-, agri-carburants de troisième génération, encore plus hypothétiques que l'essence de blé, de carcasse d'abattoir ou de charbon, sont synthétisés par des micro-algues ou des bactéries sous forme d'huiles (pour les premières) et d'éthanol pour les secondes. Cultivés dans de longs tubes transparents, un hectomètre de long, quelques centimètres de diamètre, ces micro-organismes n'ont besoin que d'eau sale, salée ou saumâtre, dont elles tirent leurs nutriments ; de lumière, d'un peu de chaleur et de CO_2. Sur le papier, c'est idéal : ils nous recycleraient en carburants à la fois nos eaux polluées et notre dioxyde de carbone préalablement séquestré. Sur à peine 1 % de sa surface, l'Europe produirait toute son essence et son diesel. Miraculeux… dans un démonstrateur. L'Australie, le Texas, Audi ou encore la France financent des essais à grande échelle, dans le désert et en mer. À une centaine d'euros le litre, l'algo-bactério-carburant aurait besoin d'un baril au prix du platine pour être concurrentiel. Ce n'est pas encore pour demain.

H_2, LE SAINT-GRAAL

L'hydrogène est aussi alléchant que les algues. Il a pour lui l'antériorité et, il faut bien le dire, la célébrité. Encore une fois, sur le papier, c'est le Saint-Graal. On en trouve partout, c'est propre et plein d'énergie. De l'énergie illimitée, pas chère et saine, ne cherchez pas plus loin : c'est la énième transfiguration de la manne divine.

L'hydrogène est un vieux fantasme, en vérité, d'abord par son nom. Si l'atome d'hydrogène est effectivement omniprésent, celui que l'on mettrait bien sous nos capots n'existe pas ! C'est une molécule d'hydrogène formée de deux atomes d'hydrogène : H_2, ou dihydrogène. La nature n'en offre pas. La laborieuse humanité est donc obligée de fabriquer sa manne. Comment donc ? En craquant à haute température du méthane, l'hydrocarbure le plus simple et le plus léger, de façon à dissocier l'hydrogène du carbone, lequel, s'oxydant au passage, s'échappe sous forme de CO_2. Pas de chance, le craquage, c'est un mélange de méthane et de vapeur d'eau porté à une très haute température (au moins 900 °C), dont l'obtention demande de consommer beaucoup d'énergie. Autre méthode, l'électrolyse. Plongez dans une bassine remplie d'eau une électrode et une cathode, faites-y passer de l'électricité et, en attendant un peu, vous verrez l'hydrogène et l'oxygène faire des bulles. Récupérez-les, faites-en le tri, et vous voilà avec de l'hydrogène. Le procédé BTL pourrait aussi nous alimenter : la gazéification de la biomasse produit en effet de l'hydrogène, de même que la fermentation alcoolique. Il n'est pas dit que les brasseurs trouveront demain un débouché dans nos automobiles, mais cela pourrait leur ouvrir un débouché rémunérateur. Boire de la bière pour faire avancer l'auto, la publicité peut d'ores et déjà s'amuser à imaginer des slogans rigolos. Enfin, une dernière méthode, bien plus complexe, associe l'iode, l'hydrogène sulfuré (à l'odeur d'œuf pourri) et l'eau aux températures très élevées générées par un surgénérateur nucléaire, lequel n'existe, dans le monde, que sur le papier.

Fabriquer du dihydrogène n'est pas simple. Cela coûte et consomme. Et puis, une fois qu'on l'a, qu'est-ce qu'on en fait ? Car même sous forme moléculaire, l'hydrogène reste très, très léger et tout petit petit petit. Il s'échappe ! Il fuit et prend une place démesurée. Il est paradoxal : au kilo, il est trois fois plus énergétique que le pétrole, mais au litre, c'est… trois cents fois moins. Une capacité supérieure en masse, moindre en volume. Quel est ce mystère ?

Le dihydrogène est très énergétique mais, comme il est très léger et très peu dense, un volume à pression ambiante ne produit quasiment rien. En quelque sorte, il faut rapprocher le volume de la masse pour obtenir un peu de kilowattheures : compacter, mettre le gaz sous très forte pression ou bien au contraire en diminuer la pression de façon à ce que le froid ainsi créé n'entraîne sa liquéfaction. Cela complique sérieusement l'affaire. Car, embarqué sous forme liquide ou gazeuse dans une automobile, dans le volume du réservoir ou du coffre, H_2 représente un capital d'énergie potentielle bien plus faible que le diesel ou l'essence : le meilleur différentiel est obtenu par l'hydrogène liquéfié à très basse température (quatre fois moins d'énergie), le pire avec l'hydrogène sous forme gazeuse (à 200 bars, c'est dix-sept fois moins ; à 700 bars, cinq fois moins).

Autrement dit, dans une hypothétique hydro-voiture, le réservoir devrait être quatre à dix-sept fois plus gros que le réservoir d'essence habituel pour espérer bénéficier de la même quantité d'énergie ou, si l'on préfère, d'une autonomie semblable. Espérer, car, en réalité, le potentiel énergétique a été diminué avant le remplissage des bonbonnes par l'énergie qu'il a fallu consommer pour compacter ou liquéfier le dihydrogène. Pas fameux ! Moins encore : pour empêcher les bonbonnes d'hydrogène liquide ou gazeux d'exploser, et simplement le dihydrogène, si petit, si léger, de s'enfuir par le moindre interstice invisible, il faut les concevoir épaisses, denses, lourdes. L'autonomie s'en trouve réduite, car le poids, ça consomme, en déplacement. D'autant que sous forme gazeuse, même comprimé à 700 bars, l'hydrogène s'échappe toujours : le meilleur réservoir du monde, si épais et dense soit-il, en laisse fuir 1 % chaque jour… Les passages à la pompe seront fréquents.

Au final, sur tous les prototypes testés, le moteur à dihydrogène n'a pas jusqu'à présent montré un meilleur rendement qu'un moteur à essence ou diesel : 30 %, au mieux. Avec une autonomie plus faible, un coût très supérieur, une usure accélérée, la toute petite molécule étant très corrosive, et des stations-service qui n'existent pas.

UNE PAC, VITE UNE PAC !

H_2 sera encore longtemps dans les limbes. Pour autant, si on le place dans une pile, ne réussira-t-il pas à nous convaincre ? La pile à combustible excite tous les journalistes spécialisés dans l'automobile. Elle serait l'étape grâce à laquelle la fée électricité transformera enfin nos vulgaires moteurs thermiques en prodiges de silence. La PAC n'est pas nouvelle, elle est contemporaine de la conquête spatiale. Les capsules Apollo, la station internationale Mir, les navettes spatiales étaient et sont équipées de piles à combustible.

Son principe est l'image inversée de l'électrolyse, un des moyens de fabriquer du dihydrogène. Dans une cellule, dressez une grille platine ; au bon moment, faites entrer d'un côté l'oxygène, de l'autre le dihydrogène. Dans ce parloir chimique, le dialogue entre les deux espèces est électrique. Très électrique. Il produit beaucoup, n'émet rien, ne fait pas de bruit, ne tremble pas. Son rendement est fascinant : 83 %. En théorie. Car, en pratique, cette valeur n'est mesurée que dans un véhicule (beaucoup de prototypes sont testés) roulant pépère sur une route tranquille. Aussitôt que le conducteur appuie sur l'accélérateur, le rendement de la PAC chute… Plus on lui en demande, moins elle donne. Pas très pratique. En vérité, le rendement de la PAC ne dépasse pas 50 %. Et puis, une fois encore, dès que l'on entre dans l'équation tout ce qu'il a fallu consommer pour produire, transporter et stocker le dihydrogène, le rendement s'effondre. La Prius PAC annoncée par Toyota en 2015 émettra certes de la vapeur d'eau au pot d'échappement mais ne révolutionnera guère que les unes des magazines auto. Comme l'iX35 de Hyundai, la FCX Clarity de Honda ou les Porsche et BM très haut de gamme modifiées, l'hydrogène libre ou emPACté, c'est du flan marketing. Qui n'existera que pour faire baisser les émissions moyennes de la gamme de la marque, afin de s'éviter les amendes européennes, mais fera grand bruit médiatique grâce à des clients triés sur le volet auxquels la marque louera sans doute à prix d'ami les véhicules propres pour démontrer que si, ça roule. Pas longtemps, car, en 2015, il n'y aura toujours pas de stations-service à hydrogène. Parce que l'hydrogène, à transporter en camion ou par pipelines, puis à stocker, c'est juste un enfer logistique hors de prix et dangereux.

BON, ALORS, CES VOITURES BLEUES ?

Nous reste alors, pour continuer d'espérer en un monde meilleur, la voiture électrique. La fameuse. L'espérée. Renault Zoé, Exagon Furtive E-GT, Lumeneo Neoma, Courb C-Zen, Tesla, BMW I3, Peugeot Ion, Lightning GT ont déjà envahi les médias. Les pages des magazines grand public nous disent des louanges et de l'émotion : ces voitures sont l'avant-garde de ce monde de science-fiction entrevu, sans son, au cinéma. Un monde où les autos zozotent et se confondraient avec des œufs si elles en avaient la taille. Des routes empruntées par des voitures aux formes de doudou. Promis pour 2013, les "VE" (véhicules électriques) de seconde génération sont forcément une révolution. Le Grand Soir porte des moteurs asynchrones. Il est hors de prix, mais tout de même.

Ces Watthures démontrent à l'impardonnable suspicieux qu'est l'enquêteur que les constructeurs en ont encore sous la pédale et ont résolument embrayé sur l'après-thermique. Le diesel, l'essence, le diester, c'est fini ; voici le règne tant attendu de l'électron. L'élue est là, elle ne fait pas de bruit et sauve la planète. La voiture verte s'habille en bleu, la couleur de l'électron. Alimentée par une batterie bébête, ou le *nec plus ultra*, une pile à combustible, elle seule pourra pénétrer nos villes, bientôt soumises au couvre-feu de l'Euro 6. Sur le catalogue, elle nous allèche : ces autos ont une autonomie qui dépasse enfin la barre mythique des 100 km (et même 480 pour la Tesla!) ; elles accélèrent comme des bolides (de 0 à 100 km/h en quelques secondes, le rond-point suivant n'a jamais été aussi proche), certaines vont vite (plus de 200 km/h), toutes sont belles! Dans un marché de niche, où le prix de vente compte d'autant moins que ledit marché n'existe que pour faire baisser la moyenne des émissions des gammes des constructeurs, on peut lâcher les designers, autrement bridés par les basses contingences financières[1]. Ils ont fait bonne chère! Comme il n'y a plus de moteur thermique à refroidir, et que le (ou les) moteur électrique occupe moins de place, les entrées d'air sont moins contraignantes et l'on peut mieux jouer avec les formes. Du coup, les autos sont plus fluides, leur coefficient de pénétration dans l'air (Cx) est supérieur : chez Tesla (un splendide essai de design), on en est à 0,24, record du monde. La plupart des voitures préhisto-thermiques sont à 0,3, les 4x4 à 0,4, la Prius à 0,26.

Le Cx meilleur n'est pas que le geste d'un designer inspiré. Il correspond aussi à un besoin vital pour les véhicules

1. En 2015, les fabricants seront tenus de calculer leur moyenne sur 100 % des meilleures valeurs de leurs modèles, non plus sur 65 %. D'où l'intérêt d'être présent dès maintenant, quand bien même les voitures ne sont pas vendues. Voir p. 70.

électriques, celui d'économiser la moindre quantité d'énergie. L'ennemi de l'auto, c'est son poids, mais aussi la résistance au roulement et celle de l'air. Un bon Cx ne fait pas forcément une bonne voiture, mais un mauvais Cx signe une très mauvaise automobile. Or le souci avec les "électriques" est qu'ils embarquent une quantité d'énergie, délivrée par leurs batteries, bien plus faible que les 60 et quelques litres d'essence d'un réservoir classique. En conséquence, tout se voit sur la jauge : la moindre accélération, la plus petite pente, le vent léger de face, la mise en marche du chauffage, de l'éclairage, de la radio, des vitres électriques se traduisent par une chute de l'autonomie. Un autre monde quand on vient de la profusion de watts d'une thermique. Dans une électrique, on se rend compte très vite de la puissance incroyable demandée par le plus anodin de nos gestes de conducteur. On (re-)découvre les lois de la physique, qui nous disent par exemple que passer de 110 à 130 km/h, c'est multiplier l'appel de puissance par 2,7, qu'un vent de face de 30 km/h entraîne un surcroît de consommation d'énergie de 40 %, qu'une côte à 10 % à petite vitesse la décuple… à chaque fois que l'on puise dans la batterie plus que ce que la décélération ou le freinage ne la rechargent.

La beauté du moteur électrique est, en effet, non seulement d'avoir un rendement théorique proche de 100 % à n'importe quel régime, contrairement au moteur thermique, dont le rendement de 30 à 40 % chute à basse vitesse, mais aussi d'être réversible. Il sait aussi bien consommer que rendre des électrons : lorsque la voiture perd de sa vitesse, son énergie cinétique est transformée par le moteur en énergie électrique, qui vient se reposer dans les batteries. Pour rouler longtemps, l'auto électrique doit donc rouler lentement, en faisant des bonds entre ronds-points, ralentisseurs et chicanes. Si elle a un avenir, il sera en zone urbaine, pas sur l'autoroute.

DIFFICILE DE FAIRE MIEUX QU'UN LITRE D'ESSENCE

Toutefois, en dépit de cette magie qui nous porte à imaginer, pour comparer, une voiture à essence faisant le plein en empruntant une descente ou en freinant avant le feu rouge, lever une vitre dans une auto électrique est une menace sur l'autonomie. Il est bon de toujours avoir en tête des ordres de grandeur : dans un kilo d'essence (soit 1,3 l), il y a environ 10 kWh qui ne demandent qu'à s'exprimer ; dans un kilo de batterie lithium-ion dernier cri, en revanche, c'est environ soixante-sept fois moins (150 Wh, au mieux). Un kilo de batterie équivaut finalement à 2 cl d'essence. Une cuillère à soupe. On va donc bien moins loin… Pour disposer d'autant d'énergie, donc d'autonomie, qu'il en existe dans un réservoir à ras bord (mettons 60 l, 45 kg, donc 450 kWh), il s'agirait de caser sous le plancher et dans le coffre de l'auto électrique presque quatre tonnes de batteries. Même placées dans une remorque, c'est assez difficile à concevoir. Cela donne tout de même une idée de l'extraordinaire qualité de l'essence et du diesel, leur contenu énergétique faramineux. Avec une batterie électrique au maximum possible de ses capacités (une loi physique lui interdira toujours de dépasser 750 Wh/kg), et sans effectuer de recharge, il ne faudrait plus "que" 600 kg de batteries… Mais où mettra-t-on les valises ? Pour être réaliste, il convient de tenir compte du rendement médiocre des moteurs thermiques, et de celui, pratique, de 80 % pour les électriques (il y a des pertes à la charge et à la décharge des batteries). Ce n'est dès lors plus "que" 1,5 t de batteries qu'il serait nécessaire d'atteler à la voiture, et 300 kg avec des accumulateurs qui n'existeront jamais.

Essayons d'être plus concrets. Dans une berline classique, la voiture de M. et Mme Tout-le-Monde, galopent une centaine de chevaux, en France, et plus de 130 en Allemagne. Cela équivaut à une puissance de 75 kW du côté gauche du Rhin, 100 kW du côté droit. Seule la Tesla S affiche une puissance équivalente, d'environ 85 kW. Du coup, son autonomie grimpe, sur catalogue, à 480 km, et sa vitesse de pointe dépasse les 200 km/h. En moyenne, selon les normes en vigueur qui, d'après le CAS[1], ne sont pas fiables, elle consomme en conséquence de l'ordre de 20 kWh aux 100 km. Ses concurrentes se situent entre 8 et 20 kWh. La Zoé Renault en est à 10, la Fluence, une autre Renault, et l'Autolib parisien ont besoin de 12, la Nissan Leaf d'un peu plus de 13, la Ford Focus électrique est à 14 kWh. 18-20 kWh aux 100 km, c'est ce qu'un véhicule thermique moyen consomme, en tenant compte de son rendement bien plus faible. Peu de différence, alors !?

Si, en fait, car la voiture qui fait du bruit dispose d'une réserve de 180 kWh (450 kWh x le rendement de 40 %), huit fois plus importante que celle de la Zoé, six fois celle de la BMW i3, plus de deux fois la réserve d'énergie de la Tesla modèle luxe. L'autonomie s'en ressent : de 100 à 120 km en théorie, en réalité, surtout en hiver, en montagne et dans les embouteillages (car alors on utilise au maximum la climatisation ou le chauffage), elle tombe aux alentours de 60 à 80 km, avec le vent dans le dos et sur terrain plat. C'est peu, à moins d'accroître la masse de batteries embarquées, mais alors, le serpent se mordait la queue : plus de kilos, c'est en effet plus d'énergie à délivrer pour les déplacer, et donc moins d'autonomie. Que faire ? Al-lé-ger, af-fi-ner et surtout, é-co-no-mi-ser !

Les constructeurs s'attellent à améliorer la pénétration dans l'air de leurs modèles (le fameux Cx), à réduire la traînée des pneus sur la chaussée de façon à contrarier ce qui s'oppose à l'auto en mouvement, à ramener la taille (donc le poids) de l'auto à celle d'une voiturette de golf. Dans les habitacles, tout est pensé pour dépenser en comptant. Affichant en temps réel l'autonomie résultante du type de conduite, un bon tableau de bord tel que celui de la Nissan Leaf, modèle d'ergonomie, estime la capacité qu'aura la voiture à atteindre sa destination si le chauffage ou la climatisation continue sur la même puissance. Au cas où,

1. Voir Jean Syrota, doc. cité.

il précise aussi la localisation des points de recharge : la panne sèche est une donnée permanente pour les utilisateurs d'une voiture électrique. Avec elle, il faut réfléchir avant de tourner la clé, planifier son déplacement, et rouler cool. Sinon, c'est la panne.

Les chauffeurs-livreurs des grandes villes européennes ne se plaignent pas : roulant de plus en plus souvent dans des camionnettes électriques, seul moyen d'accéder aux centres où le bruit et la pollution sont strictement réglementés, ils constatent qu'ils perdent moins de temps parce que leurs tournées ont été optimisées, et qu'ils sont moins stressés parce qu'ils sont bien obligés de rouler pépère. La livraison urbaine est un laboratoire à ciel ouvert de l'auto de demain. Des groupes tels que Carrefour, des centres-ville comme celui de Toulouse, des sociétés à l'image de Goupil s'essayent à l'électrique. Contentes, tout en constatant que l'optimisation de l'autonomie les oblige à remettre en cause la localisation extra-urbaine des entrepôts. Pour les élus, l'électrique est devenu un sérieux argument pour soutenir le discours du réaménagement du territoire[1].

ET SI L'AUTONOMIE FAIBLE DE LA VOITURE N'ÉTAIT PAS UN PROBLÈME ?

La voiture "e" ou "zéro émission" est entrée dans sa phase de maturité, car elle commence à pouvoir être dignement comparée à ses ancêtres à pétrole. Sa faible autonomie n'est en définitive pas vraiment un souci : la majorité des automobilistes fait moins de 40 km par jour pour aller travailler et revenir à la maison. En Europe, la moitié des trajets annuels s'effectue sur moins de 3 à 10 km, selon les pays. Rouler chaque jour dans une Zoé ou une voiturette à piles n'est donc pas un obstacle insurmontable. Jusqu'à 75 km/h, les pertes par les auxiliaires (climatisation, radio, tout l'équipement électrique) sont égales à celles dues à la

1. Voir chapitre VI.

résistance de l'air et aux frottements sur la route. En vitesse urbaine, c'est-à-dire à 10 à 15 km/h (on ne roule pas plus vite que cela dans une agglomération européenne : les diligences à cheval trottaient mieux!), c'est l'inverse, la consommation des auxiliaires est très supérieure à celle liée à la traction. En gérant bien ses kilowattheures disponibles, le conducteur devrait parvenir à gérer son autonomie. Les livreurs y parviennent, pourquoi pas nous?

Pour résumer, il faut diviser par deux l'autonomie sur catalogue pour tenir compte de ce qui n'apparaît jamais dans les protocoles de mesure ; la consommation des auxiliaires et les conditions de conduite difficiles, face au vent, sur une pente et en hiver. Cela dit, même avec 150 km affichés sur papier glacé, alors qu'on a été habitué à 800, voire 1 000 km avec un diesel, on se sent tout riquiqui! La seconde limitation des voitures électriques, après l'autonomie, est la capacité de recharge. Pour remplir les batteries de la BMW i3 ou de la Nissan Leaf dans le même temps qu'on bourre le réservoir d'une Clio essence dernier cri, il faudrait que la prise délivre quelques centaines de kilowatts, c'est-à-dire un bon millier d'ampères à la tension habituelle. À moins d'équiper les stations-service de câbles électriques gros comme des aussières de paquebots, plongés dans des piscines pour qu'ils ne brûlent pas, on ne voit pas comment les véhicules à électrons pourront même après-demain remplacer totalement les vulgaires thermiques. Rouler électrique, c'est rouler périurbain. Et même urbain. Au-delà, c'est l'aventure.

Comme il y a un siècle.

DES VOITURES VRAIMENT “ZÉRO ÉMISSION”?

À la différence que nos électrons proviennent désormais, enfin, pour les Français, les Suisses ou les Belges, de centrales nucléaires. Celles-ci émettant très peu de dioxyde de carbone dans l'atmosphère, nos voitures électriques n'en expirent pas plus. Tout de même, il faut tenir compte du carbone dépensé pour fabriquer l'auto et ses batteries, et du fait qu'en période de pointe, celle justement qui correspondrait à un branchement de milliers de voitures électriques en même temps, l'électricité est demandée aux centrales thermiques, qui réagissent beaucoup plus vite que les lents réacteurs nucléaires. Le mix énergétique français entraîne en conséquence une émission d'environ 80 g de CO_2 par kWh d'électricité produit. Chiffre équivalent au Brésil, qui fabrique ses électrons à l'aide de canne à sucre. En Norvège, en Suède et en Suisse, c'est l'eau, le vent, le soleil, et le nucléaire, aussi : ce mix émet quatre fois moins, un record mondial. En Allemagne, dont la sortie du nucléaire se fait dans le bruit du vent, la lumière aveuglante mais aussi la fumée du charbon, ainsi qu'en Corée du Sud, au Japon et au Danemark, le kilowattheure pèse 420 g. Israël et la Chine, qui aiment le charbon et le fuel lourd, affichent un beau 800 g. Le pompon appartient toujours aux très charbonneuses Afrique du Sud et Australie : 1 kg d'émission de CO_2 par unité d'énergie !

La voiture électrique est donc loin d'être plus vertueuse qu'un vulgaire diesel, sauf dans quelques rares pays. Et si l'on ajoute aux émissions liées à la fabrication de l'électricité celles de la fabrication de la voiture[1] et de ses batteries, le compteur oscille entre 30 et 55 g de CO_2/km pour les pays les plus décarbonés, de 40 à 70 g/km pour le club France-Brésil, entre 110 et 135 g pour l'Allemagne et consorts, Chine et Israël exhalent de 190 à 210 g, tandis que l'Inde et l'Australie, évidemment, crèvent les plafonds avec 230 à 250 g de CO_2/km[2]. Conclusion : les chiffres – gentils, car en calculant autrement on arrive au double – sont têtus. Ils nous montrent que, mis à part dans les pays où la production est peu carbonée, rouler en voiture électrique n'est absolument pas un geste pour la planète. À titre de comparaison, une Volkswagen Up ! se situe à 105 g de CO_2/km et les progrès des moteurs thermiques devraient

1. Voir p. 68.
2. Compilation et recoupement de données.

leur permettre d'ici deux à trois ans de descendre sous les 90 g. Un bon vieux 4x4 de luxe ou un gros monospace pour famille très nombreuse expire quant à lui dans les 200 g. Dans les pays sans nucléaire ni sources importantes d'ENR (énergies naturelles renouvelables), c'est toujours mieux qu'une petite auto électrique!

À MOINS QUE… LE GAZ?

L'avantage de l'électrique est d'autant plus superficiel avec le bouleversement énergétique mondial en cours.

Le gaz de schiste est peut-être partout. Des poches de gaz "normal" ont été découvertes en nombre, notamment en Méditerranée orientale, entre Turquie, Chypre, Liban et Israël. Grâce à leurs ressources, les États-Unis ont déjà fait chuter les cours (au comptant), et pourraient se trouver indépendants en la matière en 2025. Ne sachant plus que faire de leur méthane, ils commencent à l'exporter, sous forme liquéfiée (le GNL, ou gaz naturel liquéfié). Auparavant contrariée par l'arrivée massive de gaz de schiste sur le marché, la rentabilité des navires méthaniers est aujourd'hui assurée par ce même. Cela permettrait à l'Europe d'atténuer sa dépendance au gaz russe. Suite à l'accident de Fukushima, le Japon s'est jeté sur cette nouvelle ressource, comme l'ensemble de l'Asie du Sud-Est. Les prix montent, un peu, alors que celui du charbon s'écrase : l'appétit américain pour le gaz entraîne un désintérêt pour la houille qu'ils produisent, et exportent désormais massivement. Du coup, les énergéticiens européens, qui ne sont par ailleurs plus vraiment embêtés par un marché du carbone qui s'est effondré, multiplient les projets de centrales thermiques au charbon. Avec une tonne de CO_2 à moins de 3 € à la mi-2013, le pollueur a tout intérêt à payer plutôt que d'investir dans le gaz!

Lequel gaz intéresse du coup les motoristes. Lors de l'édition 2013 de la Semaine internationale du transport et de la logistique (SITL), qui se tient chaque année à Paris, fin mars[1], le gaz naturel liquéfié était présent partout. Les camions sont prêts. Les villes veulent bien les accueillir. Moins de bruit, moins de pollutions, 20 à 30 % de CO_2 en moins. Une révolution énergétique serait en marche. Nous entrons dans la civilisation du gaz. Du gaz que l'on se propose de produire aussi à partir de nos déchets ménagers, par le biais de la méthanisation, autre nom… du BTL. En mettant du lisier de cochon, des restes de cantine et des carcasses d'abattoir dans nos moteurs, nous participerions en plus au recyclage de nos déchets.

Alors, demain, la voiture au gaz ? La voiture hybride-gaz ? La voiture hybride, c'est certain (voir épilogue). Quelques-unes tournent déjà au GNV (en bicarburation avec l'essence), du gaz de ville comprimé. Le rendement énergétique est ridicule, mais cela fonctionne, sans risque d'explosion. Il y a des prémisses. Rien de concret. Mais pourquoi pas ? Le gaz aurait l'avantage énorme de nous permettre de ne rien changer à nos habitudes tout en polluant et en émettant moins de dioxyde de carbone. Hybridé avec des moteurs électriques, le bénéfice serait plus grand encore. Cela dit, un bouchon en diesel, à l'éthanol, au GNL ou à l'électron, c'est toujours un bouchon. Le problème de la voiture, c'est la voiture. Pas son moteur. C'est la place qu'elle occupe sur la voirie… et l'argent qu'elle coûte.

1. Salon dont j'anime les débats "développement durable" depuis trois ans.

IV

LE TOUT-VOITURE A DES COÛTS DE MOINS EN MOINS CACHÉS

En Europe, le consommateur adorant se rendre chez son garagiste est une espèce rare. Il n'est pas impossible qu'elle soit même en voie de disparition. Pour preuve, en France, on n'en trouve pas beaucoup plus que des chefs d'entreprise entrant à l'Urssaf avec la joie belle et discrète de l'altruiste qui vient de faire un don. L'automobiliste hexagonal râle, car il est français, certes, mais il a tout de même de bonnes raisons : son budget auto enfle plus que partout ailleurs, surtout parce qu'il se fait rançonner chez le concessionnaire. C'est une vieille technique. L'on vous vend un produit pas trop cher, sur lequel il n'y a presque pas de marge, puis on vous le répare à des prix exorbitants, afin que la marge redevienne acceptable. Exorbitants, mais bien évidemment justifiés : ce-sont-des-pièces-d'o-ri-gi-ne, oui, monsieur ! A-gré-ées ! Tamponnées ! Seraient-elles sans OGM, équitable, bio ? Il faut le croire. On ne les trouve évidemment que dans les concessions, car les garagistes indépendants, y compris les chaînes de réparation rapide, vous comprenez, ce n'est pas fiable. Du coup, en France, un peu moins en Europe, le coût d'entretien d'un véhicule automobile représente… 40 % du budget total calculé sur la durée de possession.

Pourtant, le Français moyen n'est pas le plus grand fan de la concession automobile : contrairement aux Belges, qui sont 70 % à faire réparer dans les enseignes des constructeurs, aux 59 % d'Allemands et de Turcs qui font de même chez BM et autres, il n'y a qu'un Français sur deux à être enchaîné au garage. Le moins sérieux est le Britannique (40 %)[1]. La différence est qu'entre les six coins de l'Hexagone, les constructeurs d'autos ont un monopole sur les pièces de rechange. Sur les éléments visibles de carrosserie en premier lieu. Un vieux décret range en effet sous un régime proche de celui de la propriété intellectuelle le rétroviseur, la poignée de porte, la porte elle-même et sa vitre. Pas question pour un fabricant de pièces détachées de proposer les mêmes sous son propre nom. Par un triste hasard, ces vitres et ces capots sont 6 à 15 % plus chers que dans les autres pays de l'Union européenne. "Tandis que pour les pièces non protégées, nous apprend l'Autorité (française) de la concurrence, subsistent encore plusieurs obstacles à une plus forte concurrence entre constructeurs et équipementiers, qu'il s'agisse des contrats d'outillage ou de certaines clauses contractuelles qui les lient[2]." Sans compter les fameux "prix conseillés", qui sont en fait des tarifs fortement imposés aux garagistes indépendants. La concurrence est une grande vertu chez les industriels de l'automobile. Comme les dentistes, les notaires ou les taxis, ils ont en France un statut finalement très protégé.

RACKET AU GARAGE

Les prix grimpent sans cesse. Depuis une petite dizaine d'années, les motorisations sont devenues si complexes que les voitures se sont transformées en *data center*. Pour identifier une panne, l'ouverture du capot reste, comme celle de la chemise chez le médecin, la première étape rituelle

1. Voir l'Observatoire Cetelem 2013, *L'Automobile en Europe,* disponible sur : http://observatoirecetelem.com/medias/pdf/france/2012/observatoire-cetelem-automobile-2013.pdf
2. À lire, entre autres rapports, celui de l'Autorité de la concurrence : *Comment dynamiser la concurrence dans le secteur de l'après-vente automobile ?,* juin 2011. Disponible sur : http://www.autoritedelaconcurrence.fr/doc/consultation_automobiles.pdf

du processus de diagnostic. Mais l'on ne sort plus la jauge à huile de la main gauche pour la frotter sur un chiffon dans la main droite. Ou l'inverse, je m'y perds, car je suis ambidextre. Le mécanicien dûment formé branche plutôt un câble sur un bus de données, et l'écran indique la panne et la pièce en jeu. Or, par le fait sans doute d'une difficulté intellectuelle qui les prive de la capacité à bien les comprendre, les garagistes indépendants ont un accès plus que réduit aux logiciels des constructeurs. Lesquels leur fournissent aussi les pièces détachées dans des délais surprenants. De grosses pièces, car, cela tombe bien, les véhicules d'aujourd'hui sont assemblés par blocs. Lorsque l'afficheur de la température de l'huile s'éteint, le risque est gros qu'il faille changer tout le tableau de bord. C'est plus rapide pour le concessionnaire, et très rémunérateur pour le constructeur, qui se trouve être le même.

Plus encore pour les véhicules diesels, stars du marché, qui tombent en panne comme un enfant en crèche capte un microbe. Vanne EGR, FAP, régulateur de vitesse, électronique de la carburation, les retours SAV ne se comptent plus. Effrayé par une telle complexité, soucieux d'entretenir son bien là où il l'a acheté, pour le jour où il le revendra au même endroit, le consommateur d'une voiture âgée de moins de deux ans préfère se rendre à plus de 80 % chez le concessionnaire. Pour le possesseur d'une voiture de moins de quatre ans, c'est 70 %. Le Français a une confiance aveugle en ces puissants logos qui le rassurent. Les études montrent d'ailleurs que, plus qu'aucun autre en Europe, ce grand naïf croît encore en la protection et l'obligation de la "garantie auto", ensemble de clauses obligeant le client à faire réparer son véhicule dans une concession de la marque, sous peine, autrement, de perdre ladite garantie. Or ces clauses ont été abrogées par la Commission européenne en 2002, grâce à la directive n° 1400/2002/CE, précisées et complétées huit ans plus tard par la n° 461/2010. Sans doute aveuglés par leur passion automobile, les vendeurs oublient d'en parler, préférant donner à signer au client des contrats de garantie dont les clauses limitatives surprennent pour le moins les prudentes autorités en charge de la concurrence.

La probabilité qu'une voiture tombe en grosse panne augmente à mesure de sa sophistication ; or la guérison est un monopole, le client est captif et retourne de lui-même dans sa prison : les constructeurs français ont inventé une rente de 30 milliards d'euros annuels. Pourquoi donc se fatigueraient-ils à imaginer des voitures qui puissent se vendre ? On peut se demander en France pourquoi la chute des ventes suit une courbe inverse de celle du coût des réparations, fait unique en Europe. Depuis 2000, le prix des pièces de rechange a augmenté en euros constants de 13 %, tandis qu'il chutait de 15 % en Grande-Bretagne et de 5 % en Allemagne. Le coût de l'entretien a crû durant la même période de près de 17 %, et celui de la réparation de 36 %. Des taux inférieurs à ceux de la Grande-Bretagne (qui s'expliquent en partie par l'évolution du taux de change entre la livre et l'euro), et… quatre fois supérieurs à ceux de l'Allemagne. En 2013, les tarifs des garagistes non concessionnaires étaient malgré tout inférieurs de 33 % à ceux des constructeurs.

Les autorités françaises ont fini par décider, en 2012, de se pencher sur la mise en place de la concurrence (car, officiellement, le constat est qu'il n'y en a pas !). Leurs réflexions n'ont étrangement pas encore abouti. Pour les constructeurs, c'est bien qu'ils prennent le temps, car, affirment-ils, la larme à l'œil, 71 % des pièces de carrosserie sont fabriquées en France. Les ouvrir à la concurrence serait donc une catastrophe pour l'emploi. Ce que personne n'a pourtant constaté en Allemagne ni en Grande-Bretagne. Et puis ces 71 % ne concernent que les pièces des autos assemblées en France… de plus en plus minoritaires.

UN BUDGET CONSIDÉRABLE, UNE ESSENCE BON MARCHÉ

L'automobiliste est rançonné comme le restaurateur chinois par une triade. Ce n'est pas très nouveau, mais cela illustre quand même la prise en compte très récente des coûts fantastiques de la voiture à la fois pour son propriétaire et la société.

En Europe, les ménages consacrent environ 12 % de leur budget aux transports, quels qu'ils soient. Cela grimpe à 20 % pour les adeptes du diesel neuf. Plus de 90 % de ces dépenses relèvent de l'automobile personnelle. La France, vous l'aurez deviné, est au-dessus du lot, à hauteur de 14 %. Vous aurez compris aussi que l'essentiel de ce budget est consacré à l'entretien et à la réparation, qui captent 37 % de la dépense finale (calculée après que le véhicule a été revendu, sur toute sa durée de possession). Les carburants représentent 28 %, l'achat et son amortissement 24 %, l'assurance 4,5 %, le reste, 7 %, est dépensé en péages, parkings, amendes. Les chiffres sont bien différents pour un véhicule neuf : ils sont, respectivement, de 19 % pour l'entretien (12 % seulement pour une voiture à essence), 11 % pour le carburant, 10 % pour l'assurance et 42 % pour l'amortissement (47 % pour une voiture à essence, car elle se décote plus vite) ! Autrement dit, dans tous les cas de figure, la valeur d'achat de l'auto, prime et autre subvention décomptée, ne représente même pas la moitié de la dépense totale.

Douze pour cent du budget familial… est-ce que c'est beaucoup ? Sur un salaire médian de 1 600 € nets, cela représente presque 200 €. Une somme conséquente. En pourcentage, c'est équivalent, en Europe, au budget consacré à l'alimentation. Il n'y a guère qu'en Grande-Bretagne où l'on mange moins (9 %) que l'on ne roule (15 %). Les autres raisons de dépenser ces sous sont le logement, poste dominant avec 20 %, la santé (3-4 %) et la culture (8-10 %). La voiture est donc, aujourd'hui, un gros budget, qui réclame autant que celui de la nourriture. Rien d'étonnant à ce que les travailleurs pauvres en soient parfois réduits à faire des arbitrages sordides lorsqu'ils doivent choisir entre s'acheter un sandwich le midi ou garder des sous pour le plein de la semaine. C'est eux qui évidemment ressentent le mieux la hausse massive du prix des carburants. Avec 4 % en moyenne annuelle depuis 2000, le prix du litre a grossi de moitié, et cela se voit lorsqu'on fait le plein : sortir 60 à 90 € à chaque passage à la pompe, cela finit par tracasser.

Pour autant, en valeur relative, le prix de l'essence est ridiculement faible… Avec une heure de SMIC, un Français peut s'acheter aujourd'hui un peu plus de six litres de carburant, alors qu'il en acquérait quatre en 1980, et trois dix ans avant. Si l'on place le curseur en 2010, le ratio est encore plus frappant : huit litres, cette année-là, pour une heure de SMIC. Depuis, la crise s'est aggravée. L'essence a donc augmenté de moitié en dix ans, mais en fait, en raison de la hausse de notre pouvoir d'achat et de la baisse de la consommation unitaire de nos voitures, elle n'a pas changé de prix, elle a même baissé de moitié en trente ans. Par ailleurs, c'est bien notre perception du coût qui est en cause, plus que le coût lui-même. L'automobile est indispensable à notre vie quotidienne mais, dans un contexte de crise, de stagnation des salaires, de multiplication des postes de dépense, son coût immédiat, celui de la pompe à essence, est parfois insupportable. Pour autant, les Européens continuent de s'endetter pour des véhicules diesels neufs qui sont un gouffre en entretien et réparation. Sans doute préfèrent-ils balayer les coûts cachés sous le tapis pour ne pas déprimer.

De nombreuses associations d'automobilistes et de consommateurs se donnent quand même la main pour une grande psychothérapie de groupe. Ils soulèvent le tapis et qu'y voient-ils ? À l'année, 5 976 € pour une motorisation à essence et 7 654 € pour un diesel, selon les plus pessimistes, tels que le plus que centenaire Automobile Club de France[1]. Compte tenu du kilométrage moyen (9 076 km pour un moteur à essence, 15 648 km pour un diesel), cela met le kilomètre en voiture à essence à 0,66 € environ, 0,49 € en diesel. D'autres organismes, tels que l'Ademe, estiment que ce coût kilométrique se situe autour de 0,50 €.

1. Voir le site de l'Automobile Club Association : http://www.automobile-club.org/budget/

Pour l'État français, les Comptes nationaux annuels des transports donnent des chiffres[1] plus faibles : avec 135 milliards d'euros dépensés, tout compris, pour leurs autos, avec lesquelles ils ont déroulé 425 milliards de kilomètres, les ménages français ont dépensé quelque 0,32 € par kilomètre. Un chiffre supérieur à celui avancé par la Fédération nationale des usagers des transports (Fnaut), puissant lobby dont le but n'est pas de promouvoir l'automobile : 27 cents pour les trajets de moins de 80 km, 19 cents pour les trajets supérieurs à cette distance, la différence s'expliquant par une consommation de carburant plus faible sur route qu'en ville[2]. Dans le rapport du CAS déjà cité, Jean Syrota[3] parvient à un chiffre quasi identique (0,28 €). Les chiffres aussi supérieurs que surprenants publiés par l'Automobile Club, dont le but n'est pas, on s'en doute, de décourager l'automobiliste, s'expliquent par le fait qu'ils ont été calculés, tout compris là aussi, pour des voitures neuves. En résumé, l'auto revient, mensuellement, entre 212 et 1 300 €, la moyenne se situant aux alentours de 300 à 500 €. C'est considérable. Le deuxième poste, parfois le premier, du budget des ménages français et européens.

L'AUTO ? TROIS FOIS PLUS CHÈRE QUE LE PLUS CHER DES TRANSPORTS EN COMMUN !

Cela dit, rouler en auto revient de toute façon moins cher qu'en train, en avion, en bus ou en pédalo. Voilà l'argument

1. http://www.statistiques.developpement-durable.gouv.fr/fileadmin/documents/Produits_editoriaux/Publications/References/2013/comptes-transports-2012-premiers-resultats.pdf
2. Voir le site de la Fnaut : http://www.fnaut.asso.fr/images/docs/dossiers/db12ctsdpld.pdf. Lire aussi : Jean-Marie Beauvais, *Dépenses engagées par les voyageurs : comparaison entre le transport public et la voiture particulière, situation en 2008 et évolution depuis 1970*. Disponible sur : http://beauvais-consultants.com/Historique%20version%202012.pdf
3. Voir Jean Syrota, doc. cité.

massue de l'automobiliste invétéré expliquant lors du repas de famille annuel à son cousin abonné au métro pourquoi il n'est pas près de laisser son bolide au garage. L'auto, c'est moins cher! Si elle est pleine, typiquement, une famille de quatre personnes, c'est vrai pour des trajets courts et moyens. Sur 1 000 km en revanche, dès lors qu'on emprunte les autoroutes, le calcul est moins favorable : les péages et le prix de l'essence représentent un budget très lourd. Auquel il faut ajouter celui de l'amortissement et des frais d'entretien de la voiture. Un petit regard sur les sites Internet des loueurs en donne une valeur approchée. Notez le coût journalier en fonction de la distance à parcourir (en général les loueurs comptent 250 km/jour), additionnez-le à celui de l'essence et du péage évalué par les sites de calcul d'itinéraires, comparez enfin avec le prix du train ou de l'avion, regardez : la voiture n'est pas si compétitive qu'on l'imagine par rapport au train, lorsqu'elle traverse la France ou l'Europe. Elle ne l'est même plus du tout dès lors qu'on cumule carte de réduction dans le train et contrat chez un loueur d'autos. L'auteur de ces lignes, avec ses trois enfants, en sait quelque chose.

Si la méthode est empirique, elle n'en donne pas moins un ordre de grandeur. Jean-Marie Beauvais, dans son rapport rédigé pour la Fnaut en 2011, a été plus sérieux[1]. Il estime que la voiture est plus dispendieuse que tout autre moyen de transport. Sur toute distance, la dépense à la charge de l'usager d'un "TC" (transport en commun) est de l'ordre de 0,10 € par kilomètre parcouru. C'est presque trois fois plus en voiture (0,27 €) sur courte distance, deux fois sur longue distance (0,19 €). Dans le détail, un kilomètre parcouru en transports urbains (bus, tram, métro) revient à 0,12 €, en autocar, de 0,04 à 0,06 €. Le train? 0,08 €/km en TER, 0,09 € avec les Intercités, 0,10 € en RER et trains de grande banlieue parisienne ; à peine plus, 0,11 €/km, pour le TGV. Même l'avion se révèle moins cher, d'après la Fnaut : 0,15 €/km sur les lignes intérieures et les vols moyen courrier en Europe, voire… 0,06 €/km si

1. Voir Jean-Marie Beauvais, doc. cité.

vous optez pour une compagnie *low cost*. Finalement, il n'y a guère que la moto et le scooter qui soient plus coûteux : le kilomètre face au vent a un prix de revient de 0,33 €.

Dans l'usage du transport, l'auto est toujours un mauvais choix financier. Avec le temps, ça ne s'arrange pas : en quarante ans, le prix d'un ticket de transport en commun a crû de 12 %, en euro constant ; tandis que le coût d'usage de l'automobile grimpait de 34 %. Le triple !

ZÉRO BUDGET, L'AUTO ÉLECTRIQUE ?

Et ça ne s'arrangera pas avec la voiture électrique. Pourtant, on l'imagine quasi gratuite vu qu'elle ne pollue pas et qu'elle ne fait aucun bruit. Elle est pure, comment pourrait-elle coûter ?

Il faut déchanter, pour deux raisons. La première est que la part de carburant dans la dépense automobile est, quoi qu'on en dise, relativement faible. La seconde est le coût des batteries, d'autant plus élevé que, mal gérées, elles sont à remplacer plus vite. On peut ajouter à cela un prix quasi nul à la revente, dans la mesure où le marché restera longtemps à l'état de niche et où, une fois encore, ce qui compte n'est pas la voiture, mais… son réservoir à électrons. Une Tesla avec des accumulateurs raplapla vaudra toujours moins qu'une Clio diesel. Mais le prix du kilowattheure électrique est bien inférieur à celui du kilowattheure essence, allez-vous me dire en regardant vos factures ! Le prix d'un plein fait à la prise de courant ne coûte, il est vrai, pas plus d'une vingtaine d'euros. Si l'on n'a pas payé son auto, et qu'on n'en règle pas les frais divers, bien entendu. Car en agrégeant tout cela, on arrive en réalité à des budgets au moins équivalents à ceux d'une voiture thermique. Le CAS estime même que le prix de revient kilométrique tourne autour de 0,47 €. Deux tiers plus chers. Il baissera avec le coût des batteries. À moins de 300 € le kWh[1], celles-ci pourraient rendre les autos électriques moins

1. Voir Jean Syrota, doc. cité.

onéreuses que les thermiques. On en est loin : en 2013, la batterie Li-ion se négociait entre 400 et 600 € le kilowattheure.

C'est même plus que cela, car, dans leurs tableaux, Jean Syrota et son équipe ont intégré le versement des primes décidées par la plupart des gouvernements européens. Ces primes ont en réalité un double effet pervers. Le premier est que, à cause d'elles, le consommateur pense faire une bonne affaire, car il se focalise sur le coût immédiat. Il achète et se retrouve donc au volant d'un gouffre financier plus profond que celui du véhicule à essence. Le second effet est planétaire.

En juin 2012, l'OCDE a publié une note troublante[1] qui explore l'intérêt de verser des primes pour l'achat d'autos électriques. La conclusion tenait en trois lettres : n-u-l ! Même subventionné, un véhicule à électrons personnel coûterait à son propriétaire de 4 000 à 5 000 € de plus qu'un thermique, et à l'ensemble de la société de 7 000 à 12 000 € de plus. Cela met la tonne de CO_2 évitée aux alentours de 500-700 € : il est des techniques moins coûteuses pour limiter nos émissions, y compris la réputée dispendieuse capture du carbone, pourtant estimée en 2013 autour de 150 € la tonne !

D'après l'OCDE et la majorité des spécialistes, une auto électrique, comme n'importe quelle voiture si l'on ne regarde que ses émissions de dioxyde de carbone[2], n'est rentable, par rapport à une thermique, que si elle roule souvent. Entre 60 et 90 km par jour, toute l'année, selon les études. Une distance qu'aucun modèle n'est encore capable d'assurer, faute d'une autonomie suffisante. Et pour ces utilisateurs que sont les taxis, les livreurs, les grosses flottes d'entreprise, les VRP et certains artisans, l'économie, de l'ordre de 4 000 € dans le rapport de l'OCDE, est réalisée même sans primes. Et je ne vous rajoute pas

---

1. Philippe Crist, *Electric cars : ready for* prime *time,* juin 2012, disponible sur : http://www.internationaltransportforum.org/jtrc/PolicyBriefs/PDFs/2012-06-14.pdf
2. Voir chapitre III.

le coût en dioxyde de carbone pour ne pas finir de vous désespérer[1].

LE (SUR)COÛT GLOBAL POUR LA SOCIÉTÉ...

"Für das Individuum ist der Nutzen des Verkehrs hoch und für jede Fahrt übersteigt der Nutzen die Kosten, andernfalls wäre die Fahrt nämlich nicht gemacht worden[2]." Dans une de ses plus récentes publications, l'équipe du professeur Udo. J. Becker, docteur ingénieur de l'université technique de Dresde, en Allemagne[3], analyse les budgets cachés de la voiture. Les "externalités".

Par cette phrase de préambule, il résume le constat que font tous les responsables des transports publics : le coût d'un moyen de transport, quel qu'il soit, sera toujours inférieur au plaisir qu'il procure ou à la satisfaction que l'usager en tire. En dépit même de son poids sur le budget familial, la voiture n'est donc pas chère... L'hiatus est grand avec la vision de la société, c'est-à-dire *in fine* celle du même individu contribuable. Udo J. Becker livre un exemple de cette schizophrénie :

> [...] si un aéroport est construit grâce à des financements provenant du Fonds de cohésion de l'UE et qu'une compagnie à bas prix propose des vols bon marché vers des destinations lointaines, il est tout à fait possible qu'une personne profite de cette possibilité pour se déplacer

---

1. Voir p. 91.
2. "... Du point de vue de l'individu, les bénéfices générés par les transports sont considérables lors de chaque déplacement. Ces bénéfices excèdent les coûts, sans quoi le déplacement n'aurait pas été entrepris."
3. Udo J. Becker, *Coûts externes de l'automobile. Aperçu des estimations existantes dans l'UE à 27*, Département des sciences des transports "Friedrich List", Institut de la planification des transports et du trafic routier, Dresde, octobre 2012. Disponible sur : http://www.mobilservice.ch/mobilservice/dossiers/mobilite/tous-dossiers-mobilites.html?fa_view_generalfolder_apercu_2065)

> jusqu'à ce type de destinations "pour son plaisir" – si du moins le plaisir excède le prix réduit. En revanche, les bénéfices que la société en retire ne sont pas évidents : vis-à-vis des autres personnes, des autres pays et des générations futures, quels sont les avantages de ce vol, entrepris uniquement pour s'amuser, une fois notre usager parvenu sur place ? Parallèlement, il se peut aussi que les coûts de ce déplacement pour la société soient beaucoup plus élevés. Par exemple, il faut tenir compte des coûts assumés par le contribuable pour la construction de l'aéroport, mais aussi des coûts assumés par la société en général, dans la mesure où le transport aérien ne paye aucune taxe sur le carburant (ce qui n'est pas le cas des autres moyens de transport, si bien qu'il existe un certain degré de discrimination). Citons aussi les coûts des nuisances sonores pour les personnes résidant à proximité des aéroports et les coûts de la pollution, comme les maladies dont souffrent certaines personnes à cause des gaz d'échappement, et enfin les coûts des émissions de gaz à effet de serre (GES) vis-à-vis des générations futures. D'un point de vue sociétal, nous sommes contraints de procéder à une analyse beaucoup plus détaillée des "coûts sociaux totaux" et des "bénéfices sociaux totaux".

Le plaisir solitaire du voyageur se paie au déplaisir des immobiles, c'est-à-dire à celui du voyageur lui-même dès lors que la puissance publique compense ledit déplaisir par des subventions et des aides abondées par le contribuable. Transposons cet exemple d'aéroport à la voiture, et l'on comprend sans peine que la pratique de celle-ci a sans doute des conséquences pour la société que l'individu ne mesure pas, bénéficiaire qu'il est de la liberté qu'elle lui procure. Si l'automobiliste commence seulement à calculer le coût réel d'usage de son véhicule, l'université de Dresde lui propose d'ajouter à sa comptabilité quelques lignes sur ce qu'il en est pour l'ensemble de la société. Un paradoxe, quand on pense que l'Union européenne finance largement l'usage de l'auto en soutenant son industrie ainsi que la création et l'entretien des infrastructures routières, tout en finançant d'une façon ou d'une autre, aujourd'hui et demain, les frais de santé induits par les accidents de la route et la pollution de l'air. Mais voilà un paradoxe bien banal : le PIB ne mesure que l'argent qui circule ; or, qu'elle roule ou rencontre un platane, une voiture rapporte de l'argent, aussi bien en essence qu'en corbillard. Empiriquement, il est donc facile de concevoir qu'une voiture représente des "externalités".

Pour aller au-delà de l'intuition, l'équipe du professeur Becker a décortiqué la bibliographie existante (la liste est conséquente) et usé tous les outils de la statistique. La marge d'erreur étant importante, comme pour toute évaluation, les résultats ne sont pas à prendre en valeur absolue, ils sont juste une indication. La comparaison entre les pays n'est pas réalisable avec précision, mais elle donne une idée assez réaliste. De quelles "externalités" l'équipe allemande a-t-elle tenu compte ? Les émissions de gaz à effet de serre (GES) et de polluants atmosphériques, le bruit, les blessures et décès des personnes, l'altération des milieux naturels… Le premier résultat est que les GES (dit autrement, le coût à venir de l'adaptation au changement climatique), les accidents de la route et la pollution atmosphérique représentent 85 à 95 % (variation liée à l'importance relative donnée au réchauffement climatique) des coûts externes de l'automobile en Europe.

… DONNE DES IDÉES DE TAXES

La caisse retentit, le tiroir en sort et qu'y observe-t-on ? 373 milliards d'euros ! Soit environ 750 € par citoyen de l'Union européenne et par an ! Cela signifie que chaque Européen transfère sur tous les autres, et sur les générations futures, une dette annuelle de 750 €. En 2020, ce "bénéfice" se montera donc à 21 000 € pour une famille de quatre personnes. Qui aura payé ? Qui règle chaque année la note ? Personne, si ce n'est ceux et celles qui ne conduisent pas d'auto, ou subissent le plus les externalités de la voiture, comme la pollution de l'air. Cela fait beaucoup. "[...] il faut constater que le trafic automobile dans l'UE est fortement subventionné par d'autres personnes, d'autres régions et par les générations futures : les personnes résidant le long de routes principales, les contribuables, les personnes âgées ne possédant pas une voiture, les pays voisins, les enfants, les petits-enfants et toutes les générations futures subventionnent le trafic actuel. Ils doivent ou devront payer une partie de la facture[1]", précise le professeur Becker.

Logiquement, ce sont les plus grands pays, populations et PIB importants, qui pèsent le plus dans la facture (70 %) : l'Allemagne, au premier rang, avec une dette de plus de 88 milliards d'euros, puis le Royaume-Uni, 59 milliards ; ensuite vient la France, troisième sur le podium avec un score de 50,5 milliards ; enfin l'Italie, 40 milliards, et l'Espagne, cinquième avec près de 32 milliards de débits. Le classement par tête d'habitant est différent et ne veut pas dire grand-chose, car il est influencé par des niveaux dissemblables de taxe, de trafic, d'accidentologie ou de PIB. Cela explique la position de leader du Luxembourg, avec près de 1 800 € de dette annuelle. Allemagne, Grande-Bretagne, France, Belgique, Finlande, Autriche se situent dans le club des pays à 1 000 €. Le citoyen roumain a la plus petite dette, moins de 200 €.

Les chiffres les plus intéressants proviennent d'une évaluation du coût par kilomètre parcouru : 0,10 €/km en moyenne, une valeur qui monte avec le nombre des accidents. Voilà pourquoi la Roumanie, l'Autriche, Chypre et le Luxembourg, où l'on se tue plus que partout ailleurs sur le Vieux Continent, flirtent avec les 0,20 €/km. En France, le budget des externalités est à un modeste 0,12 € ; en Allemagne et au Royaume-Uni, il se situe aux alentours de 0,15 €. Le plus étonnant est que le réchauffement

1. Udo J. Becker, doc. cité.

climatique représente à peu près la même dépense masquée pour chaque pays, environ 0,05 €/km.

Ces valeurs sont faibles, après tout! Pourquoi en tenir compte?! Qu'est-ce que c'est que 5 ou 10 cents? Eh bien, c'est un peu plus que ce que le conducteur d'une voiture moyenne, Golf ou Clio, dépense en carburant pour parcourir un kilomètre en moyenne sur l'année. Et c'est ce que l'Union européenne pourrait un jour réclamer comme taxe afin de couvrir ces 300 à 400 milliards de coûts engendrés par le moteur à combustion interne, qui ne sont pas couverts par les taxes existantes.

Car autant le dire pour conclure : contrairement à ce qu'il pense, et qu'il dit en râlant, l'automobiliste n'est pas une pauvre vache à lait que l'État trait du matin au soir. Le prix de sa liberté de se mouvoir à sa convenance est partagé par tout le monde, y compris par la majorité de ses concitoyens qui ne roulent pas en voiture. Pour couvrir ses frais réels, l'automobiliste européen est aidé par ceux qui ne roulent pas. Demain il sera donc taxé à hauteur de ce qu'il coûte à tous. Cela devrait à terme doubler son budget carburant. Lequel augmentera encore dès lors que la Commission européenne aura modifié l'assiette de taxation des carburants, aujourd'hui calculée sur le volume consommé, dans quelques années sur leur contenu énergétique[1] ; et aura obligé la France à revenir sur ses multiples avantages fiscaux accordés au diesel[2] qui contreviennent aux directives de santé publique, lesquelles se substituent, en droit européen, à toutes les autres.

L'EFFET REBOND DU TEMPS GAGNÉ

La voiture coûte cher à tout le monde, mais son possesseur vit dans le déni permanent. Le consentement à la financer est considérable. La liberté est à ce prix, surtout dans

1. Voir p. 73.
2. Voir p. 65.

une société de peur et de risques : ce qui reste à l'homme et à la femme modernes quand tout menace de s'effondrer, c'est sa voiture. Au moins, s'il se retrouve à la rue, pourra-t-il s'allonger entre ses deux portières. Et puis ce n'est pas si cher que ça, mon pauvre ami. Et on-ne-peut-pas-faire-autrement.

Diversement sondés, des citoyens européens ont estimé que leur automobile leur revenait entre 100 et 200 € par mois. Pas plus. On l'a vu, les chiffres réels sont plus élevés, souvent supérieurs au double. Néanmoins, le conducteur trouve toujours l'essence trop chère, alors qu'elle l'est deux fois moins qu'il y a trente ans. C'est que nous ne maugréons qu'à l'immédiat, lorsque nous voyons l'argent sortir de notre poche. Pour le reste, l'essentiel des dépenses a été mis sous le tapis des frais généraux. On n'y pense plus. D'autant moins qu'en dépit de la hausse du prix des carburants, le coût du kilomètre se réduit à mesure que la consommation des véhicules diminue. Ce kilomètre étant moins cher, nous en achetons plus : nous roulons plus, ou bien nous acquérons plus facilement un second véhicule, ce qui revient au même. Du coup, le bénéfice de l'amélioration de la consommation a été annulé, et même inversé : entre 1990 et 2008, les émissions de CO_2 des automobiles en France auraient dû baisser de 13 % parce que la consommation moyenne des modèles avait baissé d'autant, mais, compte tenu de l'augmentation du kilométrage annuel moyen – et de celle de la population – elles ont en réalité crû de 10 %[1]. Une parfaite illustration de l'effet rebond. Nous fonctionnons tous à budget égal, c'est humain. Alors, lorsque nous faisons une économie ici, nous la dépensons ailleurs. Le tout est que la balance demeure équilibrée.

L'effet rebond. William Stanley Jevons avait décrit ce qui turlupinait en son temps le grand James Watt. Celui-ci s'était étonné que sa machine, pourtant d'un bien meilleur rendement que ses prédécesseurs, n'avait pas, loin s'en faut,

1. Voir http://www.developpement-durable.gouv.fr/IMG/pdf/ED27.pdf

entraîné une diminution de l'utilisation du charbon pour la faire fonctionner. En 1865, l'économiste anglais expliqua ce paradoxe : la machine de Watt ayant accru l'efficacité de l'utilisation du charbon, le prix de revient du travail fourni s'en trouva diminué, les industriels purent alors produire plus à prix égal, ce qui entraîna une hausse du nombre de machines et donc une croissance de la consommation de houille, et ainsi de suite jusqu'à ce que la demande, un moment trop importante par rapport à l'offre, n'en fît augmenter le prix. Moins on paie cher, plus on consomme, en résumé. Ce "paradoxe de Jevons", le nom scientifique de l'effet rebond, se retrouve aussi dans le temps qui passe. Sous un autre nom : la "conjecture de Zahavi[1]".

DU TEMPS GAGNÉ QUI DEVIENT DU TEMPS PERDU

En 1980, cet économiste israélien de la Banque mondiale proposa une hypothèse qui demandait alors à être vérifiée (d'où la "conjecture") : l'être humain se déplace chaque jour avec le même budget-temps. En gros, une heure, quels que soient l'époque et le lieu. Moins (50 min environ) à la campagne et en zone urbaine peu dense, plus – 75 min – en zone dense, tous moyens de transport confondus, que ce soit les pieds ou le tramway. Cette constante étant établie entre la distance et la vitesse moyenne, il en découle qu'un gain de vitesse se traduit par une distance supplémentaire. Ce qui compte, c'est de ne pas dépasser le budget-temps : si, avec cette nouvelle rocade, je vais gagner des minutes parce que j'irai plus vite qu'avant, alors j'irai faire mes courses plus loin, ou bien j'irai habiter plus loin, là où c'est plus grand pour le même prix, puisque, au final, je ne mettrai pas plus de temps. Plutôt que de conserver le gain

1. Voir Yacov Zahavi, "Travel characteristics in cities of developing and developed countries", in *Washington, DC: The World Bank*, n° 230, 1975, et Y. Zahavi et A. Talvitie, "Regularities in travel time and money expenditure", *Transportation Research Record*, n° 750, 1980, p. 13-19.

de temps offert par un nouvel équipement routier ou une voiture plus moderne, et ainsi passer moins de temps sur la route ou faire autre chose, nous préférons l'investir pour aller toujours plus loin. C'est idiot, mais c'est comme ça et, en plus, on ne s'en rend même pas compte.

Aussi grossière soit-elle, la conjecture de Yacov Zahavi explique la psychologie de l'étalement urbain. Moins je mets de temps, plus je vais loin, et puisque les réseaux routiers sont sans cesse améliorés, étant donné que ma vitesse moyenne augmente en conséquence, je mets toujours moins de temps pour faire le même trajet, alors je vais plus loin encore. En voiture aussi bien qu'en transport en commun : ce qu'avait imaginé Yacov Zahavi s'est vérifié à mesure que les pouvoirs publics étendaient les lignes de TER, de bus, de TGV, de RER, de trains régionaux. La hausse du prix de l'immobilier aux alentours des gares en est la preuve. Au final, à cause de ce choix fait pour la distance plutôt que pour le temps, l'espace se distend alors qu'il devrait se rétrécir.

C'est finalement un grand paradoxe que cette conjecture.

L'accélération de la vitesse des transports a toujours eu pour but de nous permettre de moins nous esquinter dans les trajets quotidiens. Au lendemain de la Seconde Guerre mondiale, l'Européen rural moyen, majorité de l'espèce, parcourait en général 5 km dans sa journée. Son espace était borné par le village voisin. La voiture l'a libéré de ce joug tout en préservant sa santé. La marche par tous les temps c'est vivifiant quand on n'a pas à la pratiquer tous les jours. Le bus l'a rapproché de la sous-préfecture, le train, de la préfecture. De ce temps gagné, il a gagné du temps de travail, de loisir, de rencontres. L'automobile a rétréci les distances. Ce fut une victoire, un gain formidable en liberté et en autonomie. Or, depuis une trentaine d'années, c'est exactement l'inverse que l'on observe : la voiture – tous les transports, en réalité – allonge les distances. "Le temps gagné à aller plus vite est en fait utilisé pour aller plus loin", résument Frédéric Héran et Emmanuel Ravalet dans un rapport du Programme (français) de recherche et d'innovation dans les transports terrestres (Prédit) paru en juin 2008[1]. La conséquence de cela se lit dans le paysage urbain, en France, en Europe, aux États-Unis, partout dans le monde : plus la vitesse moyenne augmente, plus la densité de population diminue.

Considérations historiques et politiques mises à part, la surface des agglomérations suit même le carré de l'augmentation de la vitesse moyenne des moyens de transport. C'est très frappant aux États-Unis et en France, en particulier dans l'agglomération parisienne, qui a crû presque exactement comme le théorème le prévoyait, à quelque pour-cent près.

RUPTURES DE L'ESPACE-TEMPS

Le temps, c'est de l'argent, finalement. Toujours le même budget. C'est en fait de l'espace. Si l'on multiplie le temps passé dans un moyen de transport par la surface qu'il occupe, on obtient un indicateur qui nous envoie dans la science-fiction : l'espace-temps.

N'entendez pas déjà le générique de *La Quatrième Dimension*, ni la voix de son présentateur mythique, Rod Serling. L'espace-temps est un indice qui mesure la consommation de temps et d'espace par le stationnement et la circulation : quel créneau occupe un bus, un train, un piéton, une voiture au cours d'une heure, d'une journée, d'un mois, d'un an? Pour un aller-retour de 10 km dans une journée, cela représente, tout compris, quelque 3 m^2.h/personne pour un piéton, 4 m^2.h/usager du tramway, 11 m^2.h/cycliste, 12,50 m^2.h/voyageur en bus, 29 m^2.h/motocycliste et… 192 m^2.h/automobiliste! Il faut comprendre cette unité comme la mesure

1. Frédéric Hérau et Emmanuel Ravalet, *La Consommation d'espace-temps des divers modes de déplacement en milieu urbain. Application au cas de l'Île-de-France.* Disponible sur : http://www.innovations-transports.fr/IMG/pdf/08-06_-_conso_espace_IdF_-_Heran.pdf

instantanée, sur une heure, de l'occupation de la voirie. Le résultat est cocasse : en dépit de sa petite taille par rapport à un bus, l'auto, en temps et en espace, monopolise la chaussée. De même qu'un camion de livraison de 19 t occupe cinquante fois moins de voirie que les deux-roues censés le remplacer sur l'autel de l'écologie et du bien-être urbain. Nous le savons tous, intuitivement. L'auto nous sert environ une heure par jour – en moyenne annuelle. Ce qui signifie qu'elle reste à peu près vingt-trois heures à ne rien faire d'autre qu'à attendre l'arrivée du givre matinal. Faites le compte : une voiture passe 95 % de sa vie avec le frein à main serré. En ville, durant les heures de travail, 30 à 40 % d'entre elles ne bougent pas. L'auto, en dépit des services qu'elle rend, surtout à la campagne et dans les zones périurbaines mal desservies par les TC, est un capital très immobilisé. Un bus, aussi gros soit-il, est plus mobile, car il stationne peu, vu qu'il roule souvent. Au final, il occupe moins d'espace et de temps. Comme un taxi ou une voiture de location.

Une voiture occupe d'autant moins d'espace-temps qu'elle roule. Je ne délire pas! À 50 km/h en ville, le ratio avec le piéton passe de 64 à 5. En comparaison avec le bus, on passe à 3. C'est mieux. Au contraire, là où l'on roule plus vite, les rapports s'inversent à nouveau, et de façon exponentielle : de même que la consommation d'énergie fait un piqué avec la vitesse, celle de l'espace grimpe aussi en flèche. La courbe en creux dressée, entre autres, par Frédéric Héran et Emmanuel Ravalet est transparente comme un toit ouvrant :

> La demande d'espace-temps [est] minimale vers 30 km/h et 3,5 fois plus grande à 130 km/h, à cause de la largeur d'emprise des autoroutes et de leurs échangeurs et malgré un temps d'occupation de l'espace bien moindre. Et la vitesse augmente aussi la consommation d'espace *via* l'allongement des parcours. Par leur attractivité, les voies express drainent des véhicules qui n'hésitent pas à doubler les distances parcourues pour gagner un peu de temps. En créant des effets de coupure, ces infrastructures allongent

en outre les trajets des piétons et des cyclistes, qui finissent par se reporter vers les modes motorisés[1].

Voilà pourquoi, à mesure que la voiture envahissait la chaussée, celle-ci a été élargie, multipliée, maillée, complexifiée. Jusqu'à la fin du XIXe siècle, la voirie n'occupait qu'une dizaine de pour-cent de l'espace total dans les villes européennes ; elle en constitue aujourd'hui un bon quart.

On s'en rend compte après qu'une ville a achevé sa "requalification urbaine", nom technique pour désigner la politique de chasse à la voiture à grands coups de tramway et d'élargissement des trottoirs : regarder des photos avant (la voiture partout) et après (la voiture nulle part) est un exercice surprenant. Celles de la rive droite de Bordeaux, ce superbe "croissant de Lune", sont *a posteriori* effrayantes. En quinze ans, les voies dédiées à la voiture sont passées de dix à quatre[2]. Et le temps de transport a pourtant diminué. La voiture régnait, elle formait une masse de métal qui, vue du ciel, avait transformé la cathédrale en îlot. C'est après qu'on l'a obligé à se faire discrète que l'on ressent l'agressivité de l'auto. À Bordeaux comme ailleurs, une politique urbaine courageuse a eu ce mérite d'empêcher tout retour en arrière : lorsqu'on a goûté à la ville "pacifiée", comme disent les élus aujourd'hui, on n'imagine pas abandonner un jour le terrain durement conquis.

La voiture est un gouffre financier. Mais elle est indispensable à beaucoup. Encore que, son importance symbolique est telle qu'il est difficile d'imaginer que l'on n'en a pas tant besoin que cela. Coûteuse, indispensable, la voiture est une dépense contrainte, une sorte de mal

1. *Idem.*

2. Merci au cabinet d'Alain Juppé pour me les avoir montrées et avoir indiqué qu'à la fin du dernier mandat de son prédécesseur, Jacques Chaban-Delmas, qui aimait l'auto, l'agence d'urbanisme de la bonne ville de Bordeaux envisageait sérieusement de faire passer le nombre de voies sur ces quais à... deux fois neuf.

nécessaire. Un mal qui ne peut qu'empirer car les coûts ne peuvent qu'augmenter, à mesure de la sophistication-fragilisation des moteurs, de la hausse du prix des carburants, de l'aggravation inéluctable des taxes, de la baisse du pouvoir d'achat. Un coût également en temps perdu dans les embouteillages et la recherche d'une place de parking : dans les agglomérations importantes, l'auto passe le plus clair de son temps à dormir, et lorsqu'elle est réveillée, c'est pour sommeiller au ralenti. Pas très efficace ! Alors pourquoi est-elle omniprésente ?

V

LA VOITURE, POUR QUOI FAIRE, AU FAIT ?

On ne peut pas lutter contre l'auto. Elle a gagné. Rien qu'en France, 81 % des citoyens en possèdent une. Ils étaient 77 % en 1994. Un Français sur trois en a même deux dans son garage. C'était un sur quatre en 1982. En comptant toute la population, les bébés et les vieillards, les handicapés moteurs, les malades comme les aveugles, on compte 600 véhicules (particuliers et utilitaires) pour mille habitants, contre 446 en 2000. Un tiers en plus. C'est un des plus forts taux de motorisation d'Europe, de la planète, même, car il n'est dépassé que par le Royaume-Uni, l'Espagne, l'Italie et, bien entendu, les États-Unis, où il atteint 814[1]. Le règne de la voiture est sans partage. Y compris chez les personnes âgées, qui sont de plus en plus nombreuses à s'y soumettre : partout en Europe, la proportion des plus de 75 ans dans les déplacements quotidiens à courte distance (inférieurs à 80 km) augmente depuis vingt ans, en particulier dans les agglomérations. La voiture semble avoir gagné.

Elle a pour elle qu'elle sait se faire tout pardonner. Elle nous transporte sans qu'on y pense, on paie son coût exorbitant sans ciller, elle est comme un chien qui nous promènerait. Elle nous enferme dans des ralentissements ? Mais nous mettrions plus de temps en transport en commun ! Pour quatre Européens sur dix, la voiture personnelle

1. Statistiques disponibles, entre autres sites, sur http://www.ccfa.fr

reste le moyen de transport le plus efficace. Avec une étonnante constance, l'expérience et les modélisations montrent qu'une augmentation d'un quart du temps du parcours habituel en automobile encourage à peine 10 % des conducteurs à monter dans le bus. Un doublement de ce temps contraint ne décide en général qu'un quart d'entre eux. Dure tâche que celle d'un élu organisateur des transports publics… D'autres travaux ont avancé, ici et là, que les transports en commun sont perçus dans tous les cas de figure comme plus onéreux que la voiture. Plus sales, moins confortables, plus "pauvres", aussi, en ce qui concerne le bus et le car, reconnus parfois comme des véhicules de l'échec social. Sortir le chauffeur de son char n'est pas une affaire facile. Y compris en améliorant l'offre de transport public. Dans l'agglomération parisienne, dont le réseau est le plus dense du monde, un peu moins de 35 % des habitants empruntent bus, trains, métro et tramways. Soit à peine 20 % des trajets ! C'est pire pour l'ensemble des métropoles européennes, dont le taux se hisse péniblement à 12 %. Il chute à moins de 5 % pour les villes moyennes, et s'approche de zéro à la campagne. En général, en France comme en Europe, la voiture assure deux tiers des déplacements (qu'ils se fassent à pied ou en jet privé) et plus de 80 % des kilomètres. La différence entre ces deux chiffres ? La voiture est mise en route pour le quotidien, qui représente 98 % des déplacements de moins de 80 km et, pour une moitié d'entre eux, moins de 3 km…

Omniprésente, la voiture. Pertinente en tout. Indispensable. On y est chez soi ! Au chaud en hiver, au frais en été, avec la radio, Internet et le téléphone. On y continue de travailler, d'être avec sa famille, ses amis, sa maîtresse, son amant, qu'elle roule à bon rythme ou menace d'embrasser le pare-chocs de celle devant. Seul au volant (pour trois quarts des déplacements), on est au centre du monde. De son monde. J'exagère un peu : en Europe, un seul déplacement sur cinq se fait avec un passager. Cela donne un "taux d'occupation" de l'auto oscillant entre 1,1 et 1,2, pour le routinier trajet domicile-travail. Ça grimpe évidemment lorsqu'on fait les courses le week-end, car on y va avec les enfants. En moyenne, ce taux monte alors à 1,4 ou 1,5 selon les pays.

HOMO MOBILIS

Tout de même, dans les pays de l'Union européenne, force est de constater que l'on se sert moins de l'auto en ville, et que l'on s'en sert plus à l'extérieur, en banlieue et à la campagne. Mais avant de détailler, voyons large. Se déplacer… Dans quel but le fait-on ? Se poser la question n'est pas inutile. Pourquoi avons-nous besoin de tant bouger, tant qu'on y est ? Et qui prend le bus ou l'auto ? De quelle(s) façon(s) ? D'un pays à l'autre, on retrouve à peu près les mêmes schémas.

Homo capitalistus est fort semblable partout où il vit. Il bouge d'abord pour aller travailler. Ensuite pour faire ses courses. Après, loin après, pour rendre visite, voir un film, boire un verre, récupérer ou déposer mémé à la gare. *Homo mobilis*, c'est l'homme et la femme actifs et aisés, celui et celle qui se mettent en branle le plus fréquemment, sur le plus grand nombre de kilomètres. Le mâle un peu plus que la femme. La force de l'âge – disons 35-50 ans, plus que la jeunesse ou la vieillesse. Le diplômé du supérieur plus que les autres. Le gros revenu plutôt que le petit. L'urbain nettement plus que le rural : c'est logique, car au-delà de 100 000 habitants, l'agglomération, en raison de sa taille, nécessite un nombre plus important de trajets, quel qu'en soit le mode. C'est aussi parmi l'urbain-actif-diplômé-aisé-quadragénaire qu'on observe la proportion la plus large de grands voyageurs : en France, par exemple, ceux-là représentent un individu mobile sur quatre… et réalisent la moitié de tous les déplacements de la population, et trois quarts des kilomètres parcourus.

Faisons maintenant les comptes. Depuis trente ans, cette fois-ci dans toute l'Europe, *Homo mobilis* fait toujours un peu plus de trois déplacements chaque jour, surtout le matin, avant 9 heures. Cela ne lui prend toujours qu'une heure environ ; moins… s'il habite loin (les autoroutes et les trains de banlieue sont faits pour cela[1]), plus s'il loge en ville (car marcher ou rouler en bus n'est pas une course de vitesse).

Quant aux distances moyennes parcourues, elles ne sont pas les mêmes d'un pays à l'autre. Ce qui apparaît toutefois dans les études, c'est que la majorité des Européens s'est éloignée des centres-ville. *Homo europaeus* avale donc plus de route, plus vite, aussi, grâce à l'amélioration des réseaux, d'où la constance du temps total consacré au transport quotidien[2]. En France, la longueur des trajets domicile-travail a par exemple crû de près de 20 % depuis 1994, jusqu'à représenter aujourd'hui 40 % des kilomètres parcourus, alors qu'ils ne comptent que pour 30 % des déplacements annuels en nombre.

HOMO PEDIBUS

Je vous rappelle que c'est en voiture que huit kilomètres sur dix, et six trajets sur dix sont effectués, pour les trajets inférieurs à 80 km. Mais, ô surprise, ce n'est pas avec un transport en commun (TC) qu'*Homo europaeus mobilis* assure ce qui reste : c'est à pied! Désuète, la simple et gratuite marche à pied reste bon an, mal an notre deuxième moyen de transport. Elle représente un trajet sur cinq, loin devant les TC et le vélo. Évidemment, à Copenhague ou à Amsterdam (où le vélo domine), à Los Angeles ou à Varsovie (c'est la voiture, largement), ou à encore à Paris (un déplacement sur trois se fait à pied), le paysage est différent. Une règle non vérifiée veut que la marche soit une réponse à la densité : au-delà de 4 000 habitants par kilomètre carré, *Homo sapiens* deviendrait *pedibus* plutôt que *cyclistis*.

1. Voir chapitre VI.
2. Voir Y. Zahavi et A. Talvitie, *op. cit.*

Ainsi, et contrairement aux apparences, l'homme et la femme mobiles montent assez peu sur leur bicyclette. Seulement s'il fait beau (le gel n'empêche pas de marcher, seulement de pédaler), durant le week-end, pendant les vacances, car en semaine le vélo reste au garage, posé là où il ne menace pas de rayer la carrosserie : en Europe, on a plus de chances de trouver un cycliste chez un automobiliste que chez une personne ayant renoncé à l'auto. Il y a loin de la pédale au pédalage : le vélo est avant tout là au cas où. Pour se donner bonne conscience, comme la carte d'abonnement au club de gym et le livre de cuisine allégée. Sans doute effrayé à l'idée d'arriver tout suant et crotté au travail, la sous-espèce non cycliste d'*Homo mobilis* repose avant tout sur ses deux pieds, pour l'amener éventuellement au métro. Voire, en cas de soleil et de circulation automobile estimée peu dangereuse, enfourcher un vélo en libre service : les systèmes mis en place dans les grandes villes d'Europe sont un succès. Relatif. Grâce à eux, la pratique du vélo a explosé, mais cela partait souvent de très bas. À Paris, par exemple, Vélib' l'a fait passer de 0,5 % à 3 %. Aux dépens, comme ailleurs, des transports publics, dont le vélo est le premier concurrent. Et de l'équilibre des comptes publics, le vélo en libre service coûtant une fortune, entre 2 000 et 3 000 € en France, tout compris… par vélo[1] ! Des villes envisagent de jeter l'éponge…

HOMO GV

Voilà pour le quotidien. Pour les vacances et les voyages d'affaires, l'urbain et l'urbaine modernes empruntent plus volontiers le train ; l'avion à partir de 1 000 km. Les personnes âgées restent vissées quant à elles à leur auto. Heureusement pour les constructeurs, car c'est elles qui les font vivre, qui plus est en payant cash. Le développement des

1. Voir par exemple http://www.developpement-durable.gouv.fr/IMG/pdf/LPS50.pdf

lignes de train à grande vitesse et l'apparition de compagnies aériennes à bas coût expliquent cette passion grandissante pour le gros TC. Laquelle s'observe, rien de bien étonnant, plutôt chez l'Européen vivant dans les grandes métropoles, là où, justement, trains à grande vitesse et avions pas chers sont facilement accessibles. Cette proximité profite d'ailleurs surtout à l'avion, dont la part de marché augmente deux fois plus vite que celle des autres moyens de transport. Certes, M. et Mme Tout-le-Monde n'ont pas à se rendre à l'aéroport tous les jours, et l'avion ne représente jamais que 5 à 6 % du volume total de voyages effectués au cours d'une année. Mais, compte tenu des distances, l'avion couvre presque un tiers de tous les kilomètres parcourus. La voiture, la moitié. Le train, le reste (ou presque). Mine de rien, ce moyen de transport très minoritaire qu'est l'avion a un impact environnemental plus important qu'on ne l'imagine… semblable à celui de l'auto, d'ailleurs : un long courrier consomme autant qu'une voiture par kilomètre et par passager. Il y a vingt ans, il consommait deux fois plus. Comme l'auto. En court et moyen courrier, toutefois, c'est la catastrophe : le bilan se creuse de façon exponentielle. Comme celui de la voiture en ville.

Les émissions de CO_2 de nos déplacements sont en réalité le juste reflet de notre façon de nous déplacer. Les mesurer, c'est nous regarder. Il n'y a pas meilleure radiographie sociale qu'un diagnostic carbone.

Prenons celui de la France, par exemple. En se déplaçant d'une façon ou d'une autre, chaque citoyen de ce beau pays émet environ 2 t de dioxyde de carbone dans l'atmosphère par an. Cela représente un tiers de ce que sa consommation génère comme expulsion de CO_2, moins d'un cinquième dès lors que l'on additionne les émissions liées aux importations. Par où émet-il ? Par là où il pèche : le transport quotidien. Près de trois quarts de ce qu'il balance dans l'air, il le fait lors de ses déplacements habituels. Le reste, à l'occasion de voyages au long cours. C'est donc la voiture, pour les premiers (à 96 % !), et l'avion, pour les seconds (40 % du CO_2 émis), qui sont à l'origine de l'essentiel du dioxyde de carbone généré par nos transports.

Notre voyageur au long cours émet donc beaucoup. Qui est-il ? Le même qui émet lors des transports banals, quotidiens. Plus on gagne de l'argent, plus on maltraite l'atmosphère, c'est un fait. Sauf dans les zones urbaines denses, où l'usage massif des TC et de la marche explique une très faible expiration quotidienne de carbone, qui compense largement celle de l'usage plus fréquent de l'avion et de la grosse voiture lors des vacances, des barbecues du week-end et des déplacements professionnels. Une compensation plus forte encore en France, grâce au TGV, poussé par les centrales nucléaires. Un Parisien peut donc bien émettre deux fois plus de dioxyde de carbone lors de ses longs voyages, il en émettra de toute façon moins qu'un rural du Limousin grâce au métro et à ses pieds bien chaussés[1]. La comparaison est identique dans les autres grandes villes du continent.

LE TRÔNE VACILLE

En dépit de son coût, du temps qu'elle nous fait perdre, la voiture régnerait donc en maîtresse de nos transports ?

En réalité, son trône est bien ébranlé. Car en les regardant de près, les statistiques françaises, européennes et mondiales nous délivrent des messages surprenants. Derrière l'apparence intangible se cache une révolution culturelle.

Le premier message, annonciateur de ce qui suit, remonte à 2003-2005. C'est à partir de cette époque que le kilométrage moyen déroulé par le quidam en automobile a commencé à baisser, pour la première fois depuis 1974, dans toutes les plus grandes villes d'Europe et d'Amérique. Au Japon, cela remonte carrément à 1999.

1. Chapitre rédigé à partir d'une dizaine d'études françaises et européennes.

Une marée très très basse, comme on en mesure sur un grand lac ; un vrai reflux, tout de même, jamais démenti, constaté en zone urbaine dense. En zone peu dense, ainsi qu'à longue distance (plus de 80 km) la "part modale" de l'auto a au contraire augmenté… toutefois beaucoup moins vite à partir du milieu des années 1990. Par ailleurs, l'usage de l'avion et du train s'est aussi intensifié, durant la même période, sur les trajets longs. Pour les spécialistes, comme ceux du Certu français (Centre d'études sur les réseaux, les transports, l'urbanisme et les constructions publiques), voilà bien une révolution, car ce serait en fait une première… depuis la naissance de la voiture. Rien de moins ! Ces messieurs (on compte peu de femmes chez les as du transport) l'expliquent en premier lieu par la cherté de l'auto. Un plein n'est pas onéreux en soi, relativement au pouvoir d'achat, mais il est concurrencé par des besoins nouveaux, comme l'Internet et le téléphone mobile, et surtout par la hausse extraordinaire du budget logement.

Autre facteur majeur, que chacun de nous peut constater dans toutes les grandes villes du monde, "[c'est aussi] le résultat des politiques de transport menées depuis quelques décennies : politiques d'offre (tramways et métros dans les agglomérations, TER en région, TGV au niveau national…), politiques d'aménagement en faveur des modes doux (les plans de déplacements urbains, les plans de déplacements d'entreprises), politiques de "contrôles-sanction" automatisés (radars, etc.). La conjugaison de ces politiques complémentaires commencerait à faire nettement sentir ses effets[1]". En Europe, en France depuis le Grenelle, tous les documents d'urbanisme dont, chez nous, les plans de déplacement urbain (PDU), les plans climat-énergie territorial (PCET), les schémas de cohérence territoriale

1. Henri Durand, Jean-Marie Guidez, Bernard Quetelard et Patricia Varnaison-Revolle, "La mobilité urbaine des années 2000 : vers un découplage entre la possession et l'usage de la voiture", in *Mobilités : faits et chiffres,* fiche n° 3, octobre 2007. Lien pour le site : http://www.certu.fr/fr/_Mobilité_et_déplacements-n25/IMG/pdf/fiche_N° 3.pdf

(Scot), les plans de déplacement interentreprises (PDIE) ou encore les "schémas modes doux" – l'industrie française de l'acronyme se porte bien – privilégient les alternatives à la voiture par l'aménagement de la voirie. De fait, dans les textes, celle-ci n'a plus du tout, en agglomération, la place majeure qu'elle occupait il y a trente ans. Aujourd'hui, même s'ils ne le comprennent pas toujours car la culture de l'auto est bien présente chez beaucoup, eu égard à leur âge, les élus ont obligation de faciliter les TC, de penser au bus et à la marche avant la voiture.

À cause des politiques urbaines, de son coût, aussi du vieillissement de ses conducteurs (ils font des trajets plus courts), l'auto recule dans son usage alors qu'elle est toujours autant possédée. Chercheurs et militants voient dans ce paradoxe le début d'un découplage entre la possession et l'utilisation. Nous aurions commencé à ne plus systématiquement prendre la voiture pour n'importe quel trajet. Il est vrai que dans les villes ayant décidé d'offrir plus de TC et moins d'espace accordé à l'auto, la part modale des premiers augmente chaque année. Faisant une analogie avec les parts de marché, les chercheurs du Certu avancent par exemple que, "pour la commune de Lille, la voiture passe de 41 % [en 1987] à 43 % [1998] et 33 % [2006]. La part de marché TC, après une stabilité ou une érosion lente, est repartie à la hausse, plus particulièrement à Lille. La hausse est spectaculaire (de 9 % à 11 % puis 17 %)[1]".

À Lille, à Lyon, comme à Bordeaux, Berlin, Londres, Barcelone ou Rome et dans la majorité des villes moyennes d'Europe, il semblerait aussi que la part de la voiture dans le rituel trajet matinal vers l'école primaire commence à stagner. Durant les trente dernières années, elle avait explosé, aux dépens de la marche, illustrant avec merveille l'enfer des "boucles vicieuses" : "J'emmène mes enfants à l'école en voiture parce qu'il y a plein de voitures pour emmener les autres enfants à l'école, c'est donc dangereux d'y aller à pied." Du coup, il y a toujours plus de voitures, qui font

1. *Ibid.*

toujours plus peur et poussent toujours plus de parents à les emprunter pour accompagner leurs enfants… Si cette tendance au retour à la marche se confirme, il y aurait en effet de quoi évoquer une révolution, qui ne peut jamais que renverser des symboles.

LONGTEMPS, NOUS AVONS ACHETÉ DES VOITURES

D'autres symboles basculent. En Europe, le marché de l'automobile, vache à lait historique des économies occidentales, pilier du système capitaliste, mythe ouvrier, s'effondre. Entre 2000 et 2013, les immatriculations ont baissé de 10 à 30 % selon les pays – riches. Précision importante car, s'il se vend moins de voitures chez nous, il ne s'en est jamais aussi bien négocié qu'en Chine et au Brésil (*idem* aux États-Unis au premier semestre 2013, où l'industrie rouvre ses usines !) : dans le monde, les immatriculations ont augmenté de près de moitié durant ces treize dernières années. En 2011, il s'est vendu 75 millions de véhicules neufs, principalement en Amérique du Sud et en Chine, premier marché mondial depuis 2008. 2011 fut même une année record. Il n'y a guère qu'en Europe et en France où les ventes chutent de 8 à 10 % par an depuis quelques années. En 2012, elles ont même dégringolé de près de 14 % dans le pays de Renault-Peugeot-Citroën par rapport à 2011, et de plus d'un quart, en Europe, en référence à l'an 2007… Pour quelles raisons vend-on moins chez nous, qui fabriquons, et plus en Chine et au Brésil, vers qui l'on exporte ? C'est tout bête : nos marchés européens sont archi-saturés. Gavés, ils ne se renouvellent que lentement, d'un malheureux pour cent chaque année depuis 2002. Les "taux de motorisation ne progressent plus", comme disent les gens de la profession. Lorsqu'il y a une prime à la casse ou une Jupette, on l'a vu, les ventes remontent, mais c'est pour mieux s'effondrer après.

De la morphine que l'on s'efforce régulièrement d'injecter à un grand malade. Comme il s'y habitue, il faut toujours lui augmenter les doses. Avec la crise qui affaiblit le moribond et assèche le trésor de l'hôpital, le médicament ne sera un jour plus administré. Il existe même un risque que le malade soit un jour laissé à son sort. L'automobile se meurt, comme avant elle la sidérurgie, la mine et le textile ; et, avec elle, c'est tout une industrie qui menace ruine. Mesure-t-on la force symbolique de la fermeture, probable, de PSA en France ? Oh, après tout, on a laissé les mines et la sidérurgie crever toutes seules, et on s'en est remis ! Les éminents membres des grands corps de l'État ont d'autres préoccupations. Si l'auto passe, ils iront exercer leurs talents ailleurs. Dans la finance, par exemple, où ils excellent déjà, et dans un cabinet ministériel, où ils ont la gamelle assurée.

L'effondrement en cours n'a toutefois pas que des raisons économiques. Il plante aussi ses racines dans les stratégies de certaines entreprises. "Aujourd'hui, écrivent les auteurs du rapport de la mission présidée par Jean Syrota consacrée à la voiture de demain (Centre d'analyse stratégique), les véhicules neufs sont principalement achetés par les entreprises ou les ménages à revenu élevé. Cette plus faible propension à payer se traduit également par l'essor des véhicules *low cost*[1], c'est-à-dire des voitures aux fonctionnalités simples, peu économes en carburant et au prix très compétitif[2]." Le marché est saturé, et le prix moyen d'une auto banale est trop élevé pour justifier de changer régulièrement de modèle. Celui qui achète aujourd'hui une voiture possède forcément déjà une voiture ; il faut donc qu'il ait une bonne raison de le faire : il veut se faire plaisir, ou bien le prix de l'entretien de son véhicule actuel est

1. Cela dit, une auto *low cost* est moins chère à l'achat mais consomme un peu plus, et l'entretien se fait en concession, au prix des pièces des modèles équivalents de la marque mère. Sur la durée de vie de l'auto, il n'est pas du tout certain que ce choix soit le bon.
2. Jean Syrota, doc. cité.

devenu trop élevé. À ce constat s'ajoute celui d'un choix stratégique suicidaire : le "toujours plus".

La grande erreur des constructeurs a été en effet cette idée que les autos pourront toujours être vendues avec à chaque génération une foule d'équipements supplémentaires dont l'utilité échappe au conducteur chevronné. Des voitures toujours mieux équipées, toujours plus sûres, toujours plus complexes, toujours plus semblables dans leur ligne, mais ce "toujours plus" s'est traduit par du "toujours plus cher". Les automobilistes ne peuvent ni ne veulent tout simplement plus suivre la course à l'échalote. Les berlines, les familiales, c'est-à-dire le cœur de marché des constructeurs français, celles à meilleure marge, sont devenues bien trop chères. Les ingénieurs se sont fait plaisir. Bien que le prix au catalogue ne veuille plus rien dire – on ne vend plus en Europe une seule voiture neuve sans aide, reprise et autre promotion – un modèle tout équipé de type C4 Picasso ou Scenic, robinet à cash de PSA et Renault, est proposée autour de 20 000 € ! L'équivalent en *low cost* revient à quelques milliers d'euros de moins. La moindre auto exige de sortir 12 000 € de la banque. Douze mille euros… Voilà qui explique le succès relatif de Renault, qui a réussi à faire du *low cost* sous une autre marque, Dacia, pour ne pas galvauder la sienne, de même que, à l'inverse, Toyota vend des autos de luxe sous une autre marque, Lexus, pour ne pas insulter ces modèles par sa propre marque, trop populaire.

DÉSAMOUR ?

Différents sondages montrent d'ailleurs que les Européens seraient prêts à diminuer leurs prétentions en matière de standing ou d'équipements électroniques pour acheter une voiture neuve moins chère. Les premiers critères d'achat, sont, lorsque les sondés répondent au gentil sondeur auquel ils souhaitent se montrer agréables : 1°) le prix, 2°) le coût d'utilisation, 3°) les caractéristiques, dont la sécurité. L'affichage social arrive bon dernier, mais il faut toujours se méfier des sondages : s'il est perçu comme socialement incorrect de dire que l'on veut une grosse voiture pour montrer qu'on a réussi, on ne le dira pas[1] ! Un sondage, ça n'est jamais que de jolis graphiques dessinant l'air du temps. Preuve en est le succès de la Fiat 500, de l'Austin Mini, des Audi, des pseudo-4x4 et notamment du Duster (Dacia, encore elle), du Qashqai et de l'affreux Juke (Nissan, encore Renault), ainsi que, tout de même, de la gamme DS de Citroën : l'affichage social n'est peut-être plus la priorité, mais tout de même, c'est pas mal si une auto a de la gueule.

Pour vendre une voiture neuve de nos jours, il faut une ligne et une finition qui apportent une sacrée plus-value justifiant le prix élevé. L'acheteur a besoin d'être flatté, il réclame de la différenciation, de l'image ! Rogner sur les dépenses, oui, renoncer au plaisir, non ! On veut en avoir pour son argent, notamment l'impression de n'être pas un client comme un autre. C'est ce qu'a compris Apple il y a longtemps. Par ailleurs, disent les concessionnaires à l'enquêteur, avec la féminisation de la clientèle pour cause de foyers éclatés, on veut aussi choisir sa voiture à la carte, comme la peinture à la maison. Per-son-na-li-ser, pour n'avoir point l'auto du voisin.

Tout de même, le client "premium", qui a aujourd'hui les cheveux blancs (une cinquantaine d'années en Europe), ne veut pas jeter son argent par les fenêtres : un tiers des Européens se déclarent intéressés par une formule de location tout compris. Dans un sondage paru en avril 2013[2], c'est même la moitié des Français interrogés qui s'avoue tentée par la location, et un autre tiers par la possibilité de se rapprocher physiquement de son lieu de travail. C'est très à la mode (comme toute réponse à un sondage), et,

1. Voir l'Observatoire Cetelem 2013, *L'Automobile en Europe,* disponible sur : http://observatoirecetelem.com/medias/pdf/france/2012/observatoire-cetelem-automobile-2013.pdf

2. Sondage de l'Institut CSA pour France Nature Environnement, *Les Français et l'utilisation de leurs véhicules,* mars 2013. Disponible sur : http://www.mobilicites.com/admin/document/2013_04_04__1_fne_csa_mobilite_mars_2013.pdf

pas de chance, l'immobilier en France est trois fois plus cher qu'en Allemagne. Ce qui arrange tout le monde, finalement, car on a l'impression qu'en se saignant pendant une génération, on finira bien par être assis sur un tas d'or. L'impression d'être riche, ça compte. En tout cas, cette idée de se "rapprocher" restera longtemps un vœu pieu, en particulier à la campagne, où, le rappelle le bureau d'études BIPE[1], "93 % des automobilistes déclarent ne pas avoir d'alternative, la place de la voiture résiste".

VOITURE *VS* SMARTPHONE

Tout semble malgré tout aller dans le même sens, indiquer une tendance de fond. Comme le dit si bien le rapport 2013 de l'observatoire Cetelem, "L'Europe automobile est arrivée à son apogée, et c'est le renouvellement qui est à l'origine de la majorité des achats. Comment expliquer que le niveau de saturation soit atteint? Démographie atone, coûts énergétiques et contraintes économiques, réglementation environnementale, saturation urbaine et concurrence accrue de modes de transport alternatifs sont autant de facteurs explicatifs de la fin de l'âge d'or automobile". Après, ou avant, l'hypothétique *peak oil*, ce moment fantasmé où nous aurons atteint le maximum de ce que nous pouvons tirer de pétrole du sous-sol, le *peak travel*? C'est un fait : dans les pays industrialisés, la circulation de l'automobile est parvenue à un plafond et l'image de l'automobile s'est dégradée. Lorsqu'un totem vacille, on peut bien parler de révolution.

D'autres signes nous avertissent de ce bouleversement. Dans le monde occidental, l'âge du permis de conduire, du premier achat (d'occasion) et du premier achat neuf

---

1. Communiqué de presse, *Synthèse* de l'Observatoire des mobilités et des arbitrages automobiles du 29 mai 2012. Disponible sur : http://www.bipe.fr/src/pictures/uploaded/files/Communique_Presse_BIPE_OMA_Mai%202012.pdf

recule année après année. En France, c'est à 51 ans désormais que l'on débourse pour une voiture neuve. Pour les jeunes, l'auto conserve une image forte, valorisante, surtout si elle est "verte" et hybride (l'électrique nous renvoie à un monde de science-fiction et au fantasme d'une société hygiénisée), mais son prix, son coût d'usage et les emmerdements qui vont avec dès lors qu'on prétend rouler en ville la déclassent au profit du plus valorisant smartphone. Toutes les enquêtes d'opinion convergent vers cet hiatus entre le symbole et l'argent. "Pas de désamour entre les jeunes et la voiture, estime notamment le BIPE. Au contraire, la voiture reste un rêve pour les jeunes. Les 25-30 ans considèrent pour plus de 52 % d'entre eux qu'elle reflète l'image de son propriétaire en termes de standing, de niveau de vie. Chez les plus de 50 ans, ce chiffre tombe à moins de 37 % (44 % dans la population totale). De la même façon, les 25-30 ans considèrent que la voiture reflète leur personnalité à hauteur de 60 % contre un peu plus de 40 % chez les plus de 50 ans (52 % dans la population totale). Le rêve est toujours permis quand on passe son permis… ce qui arrive plus tardivement et plus rarement, pour de strictes raisons économiques[1]."

En outre, en ville, la génération actuelle des lycéens et des étudiants est née et a grandi dans des agglomérations qui avaient déjà ou étaient en train de développer tramways, bus en site propre, métros aux dépens de l'auto. Pour ces jeunes, clients potentiels de Peugeot, Mercedes, Volvo ou Fiat, l'omnipotence de la voiture n'est donc pas une évidence. Ils utilisent les transports en commun, peuvent continuer à y exister sur les réseaux sociaux ; pourquoi s'embêteraient-ils à conduire systématiquement une voiture ? En être le passager, pourquoi pas, car l'idée même de partage, d'autopartage, de covoiturage se trouve dans la

1. Communiqué de presse, *Synthèse* de l'Observatoire des mobilités et des arbitrages automobiles du 13 novembre 2012. Disponible sur : http://www.bipe.fr/src/pictures/uploaded/files/Communique%20de%20Presse_BIPE_OMA_14nov12.pdf

pratique quotidienne des réseaux sociaux. Habitué aux TC et à l'auto résumée à son usage, il n'est pas certain qu'une fois sur le marché du travail, l'étudiant en acquière une neuve. D'autant que celle-ci perd en moyenne 20 % de sa valeur aussitôt qu'on l'a achetée. Le coût de l'amortissement est tel (pas loin de 50 % du coût total, souvenez-vous), que l'on peut se demander si l'argent ne serait pas mieux dépensé sur un fonds de retraite ou un crédit immobilier… Dans une société comme la nôtre où les jeunes sont sensibilisés depuis leur naissance à l'écologie, et sont bassinés constamment avec l'injonction de devenir propriétaire et de constituer sa retraite avant même d'avoir commencé à travailler, il n'est pas impossible que l'investissement dans une voiture neuve soit considéré par eux comme superflu. De l'argent perdu en fumée.

VOITURE DE FONCTION, VOITURE-FONCTION

Les entreprises délaissent elles aussi la propriété. Après des milliers de structures de taille moyenne, de grands comptes comme Airbus, Bosch ou Aéroports de Paris abandonnent progressivement l'achat de véhicules de fonction, poste aujourd'hui trop lourd, pour la location longue durée tout compris, voire l'autopartage. Des voitures sont louées au même fournisseur par différents services, différents sites, et même (cela débute) par plusieurs entreprises réunies sous un même contrat. Avec la location, les entreprises savent à quel coût mensuel elles auront à faire face, et jusqu'à quand.

Grâce à l'autopartage, l'autre nom de la mutualisation[1], elles réduisent encore ce coût, et celui, très important, des places de parking sur site, par une optimisation du remplissage du véhicule. Si la voiture, qui marquait tant le rang dans l'entreprise, en arrive à être louée et assignée à plusieurs collaborateurs comme un vulgaire chariot élévateur, c'est bien qu'elle est désormais considérée comme un moyen

1. Voir chapitre VIII.

de production à optimiser, comme n'importe quel autre outil de transport. Y compris en Allemagne, où la voiture de fonction est plus importante qu'ailleurs en Europe, parce qu'elle y est considérée comme une augmentation de revenus, dans un pays qui a fait de la modération salariale (euphémisme pour ne pas dire "appauvrissement") le cœur de sa politique d'adaptation à la crise. Les clients professionnels, dont les commandes assurent de 20 à 30 % des ventes des constructeurs, regardent d'un œil rationnel les entreprises de location de longue durée. Lesquelles sont souvent les constructeurs qui leur proposent non plus des voitures, mais des kilomètres garantis.

La voiture est en train de n'être plus qu'une fonction. Un outil. Pas n'importe quel outil, pas banal, un outil quand même. Qui doit être optimisé comme n'importe quel outil de travail. Un bon outil, c'est encombrant, contraignant et coûteux, mais voilà, il faut en avoir un. Dans les zones diffuses, là où la ville et la campagne perdent leurs identités propres dans des paysages sans repères, la voiture est la seule à pouvoir assurer convenablement les déplacements quotidiens. À la campagne, c'est tellement évident. Si la voiture a perdu de son aura, et si sa possession est aujourd'hui moins importante que son utilisation, elle n'en demeure pas moins le moyen de transport indispensable pour la majorité des Européens et des Américains des banlieues et des champs. Mais, dépouillée de son aura, elle n'est plus qu'un moyen de transport. En ville, elle est au mieux une source de problèmes. Au pire, elle n'est plus rien. Plus la ville est dense, plus il y a de gens en bus, en tram, en trottinette et à pied. Mal nécessaire, l'auto est plus que jamais le véhicule de l'éparpillé.

La ville se dévoiture, la campagne se revoiture un peu. Il y a la voiture des villes, qui se fait rare, et la voiture des champs, qui fait partie du paysage. Il y a maintenant la remise en cause de l'arme préférée du désaménagement du territoire. Les temps changent.

VI

LA FIN DU TOUT-VOITURE, UNE NOUVELLE FAÇON D'AMÉNAGER LES TERRITOIRES

À feuilleter le lourd *Over*, promenade photographique en avion d'Alex MacLean au-dessus des villes américaines[1], on s'étonne de trouver cela beau. Cela ? Ouvrez la double-page 86-87. Glendale, Arizona. Illustration du *sprawling*, l'étalement urbain. Vu du ciel, il est un art graphique. Art de la répétition, de la monotonie ; pointillisme des toits et des voitures ; impressionnisme des taches d'eau, de terre et de végétation encore libres ; tableaux fragmentés par des bandes, des cercles et des rectangles ternes de macadam qui brillent tels des miroirs lorsque le soleil les regarde en face. Dans ces photos de l'interminable, on cherche une logique. Tout y a l'air inorganisé. Tout est organisé, en réalité. Les maisons préfabriquées sont alignées comme des dominos pour former des quartiers enfermés dans des rues en boucle ; les quartiers sont assemblés en grappes dans des villes sans cœur, trouées de parkings géants entourant églises évangélistes et centres commerciaux ; les villes constituent des banlieues reliées par l'autoroute à la métropole dont on distingue les tours, ou la pollution, à l'horizon. Le piéton européen qui regarde ces images en a des élancements dans le mollet et une sueur froide qui lui

1. Alex MacLean, *Over. Visions aériennes de l'*American Way of Life *: une absurdité écologique*, La Découverte, 2008. Disponible sur : http://www.alexmaclean.com/#/books/over--the-american-landscape-at-the-tipping-point/over_cover

dévale l'échine : sur aucune il ne trouve sa place. À Glendale, il n'y a pas de cheminement piéton pour faire ses courses, tient à préciser Alex MacLean.

Dans ces villes, le piéton est suspect tant il est rare. *Jaywalking*, "marcher comme un plouc", en dehors des clous, menacer ainsi la fluidité du trafic automobile : l'expression est devenue le mot désignant la réglementation, souvent l'interdiction de se déplacer à pied dans ces auto-banlieues *typically American*. Observant ces photos, l'automobiliste se sent chez lui. Ce qui crée de l'homogénéité dans ces centaines d'exemples, ce qui fait sens, c'est la voiture. Puisque la voirie, à elle dévolue, organise l'espace, l'auto est le seul moyen de se véhiculer. Dans les quartiers façon Wisteria Lane (la rue actrice principale de la série télévisée américaine *Desperate Housewives*), les rues entourent d'immenses pâtés de maison. Il n'y a pas de voies transversales. Alors, pour aller en famille faire griller le *t-bone* sur le barbecue chez le voisin de derrière, c'est forcément en voiture. Faut faire le tour. Se rendre au quartier d'à côté, à l'église, au centre commercial ? Impossible autrement qu'à moteur, vu que les routes sont autant de coupures qui empêchent de continuer son chemin entamé à pied ou à vélo. Il faut regarder ce livre plusieurs fois pour bien ressentir ce qu'est la périurbanité exacerbée. On la voit mieux de là-haut que depuis notre auto.

L'ÉTALEMENT

Les élus locaux, les maires et présidents d'intercommunalités, les conseillers généraux et régionaux ne sont eux plus aveugles. Enfin, c'est ce qu'ils disent. Mais leurs actes sont assez en accord avec ce qu'ils affirment. L'étalement urbain ? Cette dérive de la métropolisation concerne *in fine* de 30 à 50 % de la superficie des pays de l'Union européenne, et de 25 à 35 % des populations. Mais, à en croire les édiles et les pouvoirs publics, c'est fi-ni ! Plus personne n'en veut. En France, où depuis quelques années, depuis ce fameux Grenelle qui a été une rupture symbolique avec l'inaction, la loi oblige les représentants du peuple à réunir tout le monde pour causer d'aménagement du territoire sous l'angle du climat ou de l'énergie, souvent les deux ; l'étalement urbain comme la voiture sont voués aux gémonies. L'alpha et l'oméga de la planification ne sont plus ceux-là. Pourquoi ?

Parce que tout le monde est écœuré de devoir traverser les mêmes banlieues et quartiers pour accéder aux centres-ville, de perdre son temps en auto dans ces trajets inutiles, stressants et fatigants, qu'on pourrait faire à vélo si tout était rapproché. Les entrées de ville européennes, en France en particulier, se valent toutes. Des boîtes à chaussures appelées magasins posées sur le bord des sorties d'autoroute à l'ombre d'un hyper-maxi-géant, des zones pavillonnaires agglomérant en leurs jardins identiques des maisons qu'on a vues partout ailleurs, des bouts de forêt, des friches, des champs de maïs, des bases de loisirs, des campements de pauvres, des stations-service, des banlieues anciennes sans unité, noircies par les gaz d'échappement, des forêts de panneaux publicitaires, et finalement on y arrive : la ville, classique, historique, patrimoniale, héritée du Moyen Âge, enfermée par les zones concentriques qu'on vient de traverser, comme auparavant elle l'était par ses murs crénelés.

La France, pays qui protège son patrimoine, glorifie tant son passé, son indépassable et universel génie, empêche quiconque de peindre comme il veut ses volets en centre-ville et aide l'amoureux de vieilles pierres à reprendre la boucherie-charcuterie du village, forcément typique, pour en faire une habitation "à l'ancienne". Mais le pays du fromage a abandonné à l'immédiat ordinaire cet entre-deux, ce monde diffus de la banlieue étalée, ce littoral entre ville et campagne que la marée basse des aspirants à un coin de gazon et des réprouvés du foncier repousse toujours plus loin. Au détriment de ses habitants, et au risque, demain, de les condamner à la relégation.

Frédéric Dard, un des plus grands écrivains de ce pays, a su dire la banlieue, celle du cinéma en noir et blanc, des romans glauques et du petit blanc de comptoir, "ses maisons blafardes, suantes de mélancolie, ses rues qui viennent de nulle part et qui y vont sans se presser. Y a une douce fatalité dans tout ça. Un ennui qui s'ignore [...]. Ici, la nature est en pots. [...] Les graffitis y sont moins obscènes qu'à Paris. On y vit à l'écart de ce monstre, avec la conviction d'être épargné[1]". Qu'écrirait-il aujourd'hui, le grand sensible, sur ces lotissements aux noms en "clos" ou "domaines" évoquant l'entre-soi, la copropriété des codes d'accès, qui ont été plantés sur la si fertile terre de France comme pour la faire ressembler à une banlieue de Las Vegas ? Il dirait peut-être le désarroi nouveau de l'élu devant un gâchis phénoménal de terres qui est le quotidien de quatre Français sur dix, et qu'il a, longtemps, laissé faire, et même encouragé. Ainsi, 21 % de la population hexagonale habite en zone périurbaine, 18 % en zone rurale. En 2030, selon le scénario tendanciel, ils seront 56 % à vivre loin des villes, en majorité des personnes âgées, pour qui la mobilité est toujours un problème[2]. La périurbanité n'est donc pas un petit souci et, pourtant, elle est prise en compte depuis fort peu.

LA FRAGILITÉ DE CEUX QUI HABITENT LOIN

Si elle peut plaire aux habitants qui s'y sont faits et à ceux qui l'ont vraiment choisie, si nombre de ces territoires ont pu, au fil du temps, acquérir une réelle personnalité pouvant inspirer l'attachement, cette périurbanité permise par l'auto, qui l'a rendue possible en retour, est une source de problèmes phénoménaux pour l'élu du peuple. Durant des années, moult spécialistes (dont l'auteur de ces lignes) avaient prévenu, le sourcil froncé, la sentence facile : "Vos centres commerciaux, vos lotissements, vos

1. San Antonio, *Le pétomane ne répond plus*, Fleuve noir, 2005.
2. Statistiques INSEE. Voir www.insee.fr

maisons éparpillées, vos rocades et vos « pénétrantes[1] », c'est bien pratique, mais ça fragmente les milieux naturels, ça étanchéifie les sols, ça rayonne de la chaleur et, en plus, c'est moche."

L'argument de la laideur, relatif, certes, car subjectif – mais que je partage sans aucune honte –, portait souvent, mais comme on porte un mauvais pull en hiver au-dessus d'une chemise de prix. Que l'extérieur soit moche, après tout… l'essentiel est que le "cœur de ville", l'"hypercentre", ainsi qu'il convient de dire de nos jours, reste beau afin d'attirer les touristes. Car, après avoir traversé un océan de banalités, on ne peut que trouver splendide le plus modeste des îlots. Lequel se retrouve du coup valorisé : son mètre carré devient cher, la sélection sociale s'accélère et l'entre-soi du centre urbain se fige. La périurbanité arrange un peu tout le monde, car elle empêche le mélange de tout le monde, et cela fait toujours des gens qui consomment, vont à l'école et votent. Tout de même, derrière la laideur, les élus ont fini par voir le reste. Pas l'érosion de la biodiversité, ni la perte de bonnes terres agricoles ou l'accélération du ruissellement de l'eau, responsable d'inondations plus franches, encore moins l'augmentation des émissions de gaz à effet de serre. Ce qui parle aux élus depuis une dizaine d'années, ce qui les assourdit depuis la crise de 2008 au point de les inquiéter, ce sont les sous.

La production des services publics, en premier lieu les transports en commun, est d'autant plus coûteuse que la densité de population est faible. C'est comme la tournée du facteur : dans un immeuble ou une rue bordée de maisons mitoyennes, le fonctionnaire à casquette met bien moins de temps à faire son ouvrage qu'à remplir les boîtes aux lettres d'un lotissement de maisons avec jardin. Tirer une ligne de bus, installer un arrêt, une poste, des commerces n'a de sens que si la population est là. Les transporteurs d'énergie

1. Il n'y a que des ingénieurs de la caste des Ponts et Chaussée pour trouver un aussi joli nom qualifiant une grosse voie bien droite reliant la périphérie au centre-ville. "Radiale", c'est pas mieux ?!

et d'eau le savent aussi, eux qui, en dépit de l'obligation de service au public, aimeraient ne pas dépenser plus qu'ils ne gagnent à allonger les conduites et les lignes à basse tension vers des maisons trop éloignées des postes principaux. On entend les mêmes complaintes chez les opérateurs de l'Internet. L'habitat dispersé, ça en fait des câbles et de la perte de bande passante ! Il suffit de regarder le débit entrant sur l'ordinateur et se plaindre ensuite au service après-vente, puis au maire, parce qu'il n'est pas comme il devrait être. Le maire répondra sans doute, avec la diplomatie qui convient à celui qui ne souhaite pas perdre un électeur, qu'on ne peut pas tout avoir : habiter "dans la nature" et avoir les services de la ville. Il n'aura pas tort.

Fort de ces dépenses inconsidérées que personne ne veut assumer, les périurbains, pire, les ruraux habitent loin, trop loin des services indispensables tels que la mairie, la poste, la boulangerie ou l'hôpital. Parmi les plus isolés, ils ne sont que 9 à 16 % à habiter à moins d'un kilomètre d'un arrêt de bus ou d'une gare dont la desserte est en général aussi clairsemée que le paysage urbain alentour. Dans ces endroits peu denses, les horaires des bus et des cars sont calés non sur les horaires de travail mais sur ceux des établissements scolaires. En journée et le soir, les jours fériés et durant les vacances, rien ou presque. Pratique ! Seulement 6 % des déplacements se font en bus, en car et en train. Ce pourcentage est encore plus faible en zone rurale. Pourrait-il en être autrement ? "Y a qu'à mettre des bus !" Mais il n'y a pas assez de monde sur ces territoires étirés pour rentabiliser un TC, dont la faible occupation augmente par ailleurs les rejets de CO_2 par voyageur transporté. On ne peut pas tout avoir lorsqu'on va chercher la "nature" : entre les aménités de la campagne et les commodités de la ville, il y a un choix à faire. Qui est celui du non-choix, l'auto. L'absolue nécessité : en zone périurbaine, le taux de motorisation, qui est de 700 pour l'ensemble du pays, grimpe à un niveau américain, avec 800 véhicules pour 1 000 adultes. Utilisée chaque jour pour des trajets toujours plus longs en durée (+ 6 % depuis 1994) comme en distance (+ 12 %), la voiture des agglomérations floues serait responsable à elle seule de 8 % des émissions totales de gaz à effet de serre en France[1]... et de coûts externes formidables pour des communes peu riches – sur les petites routes, il faut aussi faire passer le chasse-neige, saler, réparer, éventuellement éclairer, pour quelques voitures par heure. C'est cela aussi, le service public, et cela a un coût.

LE COÛT RÉSIDENTIEL

Si la périurbanisation coûte cher aux collectivités, elle leur coûtera plus encore dès lors que les ménages concernés se tourneront vers elles pour leur permettre d'en assumer leurs propres coûts. Voilà bien ce qui effraie le plus les élus locaux. La dislocation sociale des territoires entamée par la périurbanisation, accélérée par la hausse vertigineuse, en France, des prix de l'immobilier, portée par la voiture commence à faire tache.

Les études fleurissent et les constats sont les mêmes, désolants. Le coût environnemental et agricole ne se voit pas, le coût social de l'urbanisation en pointillé se signale en clignotant, sirène hurlante. Le budget énergie d'un ménage compte en général pour 10 % de son revenu mensuel. À partir de là, la plupart des pays européens considèrent qu'il n'est pas inutile de s'alarmer. Cette idée de "précarité énergétique" est arrivée récemment dans l'actualité, à cause de la crise de 2008, qui n'a fait qu'accentuer les inégalités présentes. Notion ancienne, pourtant. Elle remonte à 1979, quand deux économistes de Sa Très Gracieuse Majesté, Baron Isherwood et Ruth Hancock[2], rendirent publics les

1. Rapport du CAS, *Les Nouvelles Mobilités dans les territoires périurbains et ruraux*, février 2012. Disponible sur : http://www.strategie.gouv.fr/content/rapport-les-nouvelles-mobilites-dans-les-territoires-periurbains-et-ruraux

2. Ruth Hancock et Baron Isherwood, *Household Expenditure on Fuel: Distributional Aspects*, Londres, DHSS, 1979.

premiers calculs de “taux d’effort énergétique” indiquant la part des revenus disponibles consacrée à l’énergie (maisons + voiture). Ce fameux seuil de 10 % à partir duquel tous les pays établissent la précarité énergétique n’est pourtant pas issu de leurs réflexions, mais de celles de Brenda Boardman, chercheuse britannique, dans un livre qui a fait date[1]. Miss Boardman ne considérait toutefois que l’énergie consommée à la maison. Pas celle injectée dans le réservoir d’essence. En ajoutant celle-ci, on multiplie la part de la population qui, à tout le moins, se sent contrainte par ses factures de gaz, d’électricité et de station-service : non seulement en raison du fait que les dépenses en voiture sont au moins équivalentes, chaque mois, à celles liées à la maison, mais aussi parce que statistiquement, dans tous les pays, les personnes qui ont à rouler le plus pour aller travailler sont celles qui vivent le plus loin dans des maisons isolées, les plus consommatrices car elles sont exposées à tous les vents, d’autant qu’elles sont parfois… très mal isolées thermiquement. C’est la double peine de la périurbanité.

Peine aggravée par la faiblesse relative des revenus des périurbains. En France, les ménages des petites villes (moins de 20 000 habitants) et des communes rurales ont des factures de 17 à 23 % supérieures à la moyenne. À Paris et dans les grandes villes (de 100 000 habitants au moins), où on loge en appartement, sur des surfaces plus petites, c’est, à l’inverse, respectivement de 14 % à 27 % en moins[2]. Et puisque les revenus sont plus élevés en ville qu’en banlieue, le taux d’effort énergétique monte, de l’une à l’autre, de 3 à plus de 7 %. Voilà pourquoi il dépasse allègrement 10 % dans la dernière couronne des zones périurbaines ainsi qu’en zone rurale, là où les maisons, héritées, sont anciennes,

---

1. Brenda Boardman, *Fuel Poverty: From Cold Homes to Affordable Warmth*, Belhaven Press, Londres, 1991. Lire aussi http://eprints.lse.ac.uk/39270/1/CASEreport69 (lsero). pdf

2. Bruno Maresca, “La précarité énergétique pose la question du coût du logement en France”, in *Consommation et modes de vie*, n° 258, mars 2013. Disponible sur : http://www.credoc.fr/pdf/4p/258.pdf

immenses et, parce que le gaz, comme le bus, ne peut aller partout, chauffées au fioul. Il existe une relation très linéaire, très bien démontrée dans les agglomérations européennes et américaines, entre la surface du logement, d'une part, la densité de population, d'autre part, et la facture énergétique.

Et l'on ne parle que du budget logement !

En introduisant l'auto dans l'équation, on double au minimum le budget énergie total, c'est-à-dire qu'on multiplie encore plus le taux d'effort des ménages périurbains et ruraux qui ne peuvent pas faire autrement qu'utiliser leurs voitures pour se déplacer. Un cinquième à un quart du budget consacré à l'énergie pour un ménage de smicards, c'est beaucoup. "Dès lors, la véritable précarité énergétique est celle qui résulte de la relégation dans les espaces périphériques qui cumulent la mauvaise qualité thermique de l'habitat et l'éloignement des espaces de services, commerces et services publics de base, accroissant le coût de la mobilité (multi-équipement nécessaire en véhicules individuels, faiblesse des solutions de transports en commun). Ce ne sont pas les prix de l'énergie ou du carburant, relativement stables sur les trente dernières années, qui précipitent les ménages dans la précarité énergétique, mais l'augmentation non maîtrisée des besoins en énergie et des besoins de mobilité. Ces besoins sont le fait de tendances structurelles, inscrites dans des modes de vie collectifs, sur lesquelles les ménages ont peu de prise", conclut Bruno Maresca dans son étude conduite pour le Credoc[1]. Il met en avant, à juste titre, la notion de "coût résidentiel", qui intéresse aujourd'hui les élus locaux confrontés aux difficultés financières de leurs administrés étouffés par la pompe à essence.

Le conseil général de l'Ain a fait des calculs intéressants : à partir de 1,90 € le litre d'essence, c'est 90 % de sa population qui serait en situation de basculer dans la précarité énergétique[2]. Ce type d'information est en fait

---

1. *Ibid.*
2. Voir http://www.ain.equipement.gouv.fr/IMG/pdf/vulnerabilite_territoriale1.pdf

présent dans la plupart des PCET (plans climat-énergie territoriaux). De même que le “reste à vivre”, qui mesure ce qui reste d’argent dans la poche des ménages après qu’ils ont réglé les frais incompressibles liés au logement et à la voiture : c’est dans les villes que se trouvent la majorité des “reste à vivre” les plus menus, c’est-à-dire les pauvres parmi les pauvres. Pas dans les banlieues.

Le coût résidentiel est une mesure du coût global du logement, qui prend en compte celui de l’auto. Aux États-Unis, où elle est née dans les années 1990, elle porte le nom de *housing + transportation affordability index*. Comme le rappelle Bruno Maresca, elle dit que, sans tenir compte de l’auto, les quartiers américains sont accessibles financièrement à trois quarts des citoyens. Avec l’auto, il n’y en a plus que 28 % à pouvoir se loger sans s’asphyxier… La visite du site du Center for Neighborhood Technology[1] est tellement édifiante qu’on se demande pourquoi un tel outil n’a pas été développé ailleurs en Europe, en particulier en France. Cliquez sur la carte à gauche, vous aurez le taux d’effort financier pour le logement seul ; à droite, celui du logement dans sa réalité, celle de l’éloignement. Pédagogique. En Grande-Bretagne, un instrument fort semblable a été développé pour la ville de Londres. Cliquer sur les cartes permet de connaître les endroits où habiter autour d’un lieu de travail (ou l’inverse) en fonction de son budget immobilier et du temps de transport souhaité[2]. Instructif. Voilà des moyens inconnus en France et peu développés dans le reste de l’Europe, qui fournissent pourtant une information essentielle : la fragilité, la vulnérabilité des ménages à la hausse du prix de l’énergie et de l’essence.

Lors d’un débat sur la transition énergétique, Florence Haye, première adjointe au maire de la ville de Saint-Denis, située aux portes (nord) de Paris, a évoqué avec fermeté l’objectif d’installer sur son territoire un “droit à

1. Voir http://htaindex.cnt.org/map/
2. Voir http://www.mysociety.org/2007/more-travel-maps/morehousing

la centralité". Le droit à vivre au centre, au centre-ville ou au centre d'un nœud de communication. Elle avait tout dit[1]. Même s'il faut bien constater que ce droit est inscrit depuis 2000 dans la loi relative à la solidarité et au renouvellement urbains (SRU, qui a considérablement renforcé les documents d'urbanisme déjà cités), et qu'on a du mal à en voir l'application…

FAIRE LE TOUR DU PROPRIÉTAIRE

Le tout-auto a favorisé l'éloignement, lequel a un coût qui monte, qui monte, qui monte… Un coût que les banques ne considèrent jamais dans les dossiers de crédit immobilier, en dépit de la facilité à l'établir. On peut vous demander plein de documents, jamais si votre projet est une passoire énergétique et vous obligera à dépendre entièrement de l'auto. L'évaluation des risques a de curieuses lacunes.

Ce coût, les services sociaux des mairies le connaissent bien. Mais que peuvent-ils faire, face à des administrés qui, de toute façon, veulent vivre dans une maison et, bien que terrifiés par la chute sociale dans un pays pourtant si protecteur, se soucient peu des kilomètres que la belle affiche en vitrine de l'agence immobilière les obligera à accumuler ? Et encore souhaitent-ils vivre dans une maison dont ils puissent faire le tour… du propriétaire. Dans l'inconscient collectif français, il existe bien, ce "parcours résidentiel[2]" transformé par les agents immobiliers en principe darwinien reliant le studio loué à vingt ans à la maison de maître close de murs où l'on taillera les rosiers à la retraite en attendant l'infarctus. L'idéal de vie,

1. Conférence-débat dans le cadre du débat national sur la transition énergétique, animée par mes soins, qui s'est tenue le 18 avril 2013 à Saint-Denis.

2. L'expression est à l'origine issue du vocabulaire des sociologues. Elle désigne la sortie des locataires du logement social vers l'accession à la propriété.

à la jonction entre sécurité ("On aura toujours un toit"), patrimoine ("Mes enfants auront quelque chose") et enrichissement ("Comme les prix montent, en étant proprio je serai assis sur un tas d'or"), est la maison individuelle avec jardin. Pas mitoyenne, isolée. À soi, pas louée. L'appartement, le logement collectif sont, dans la psychologie française et latine, des lieux de transition ou d'échec. La réussite sociale, ça part du studio et ça se termine dans la maison avec jardin et garage qu'on léguera aux enfants. Or, pour répondre à ce vœu, il faut de la surface, beaucoup de surface (700 à 1 000 m^2 en moyenne), qui ne se trouve que là où le foncier est le moins cher, sur la terre agricole située le plus en périphérie des agglomérations. Une fois converti en parpaings, le foncier s'enchérit ; il faut alors aller plus loin, ailleurs, pour trouver moins cher. La périurbanisation est une tache d'huile. Elle conduit à une bien réelle relégation sociale, parce qu'énergétique : ce sont en général, rappelons-le, les ménages modestes qui habitent le plus loin et paient les plus grosses factures de chauffage et d'essence, en rapport avec leurs revenus[1].

Mais voilà tout, il faut être propriétaire. Sinon, l'on n'est pas grand-chose. Six Français sur dix le sont, les autres n'aspirent qu'à l'être, sauf les plus âgés et les moins fortunés. Les Allemands proprios sont en proportion inverse, et les locataires d'outre-Rhin ne cherchent pas à acheter tant le marché est abondant, peu cher et bien régulé (puisse la France disposer un jour de l'indice Mietspiegel qui borne l'évolution du prix des loyers…)[2]. En France comme en Grande-Bretagne, en Belgique, en Italie ou aux États-Unis, mais pas en Allemagne, la société pousse chacun à être propriétaire, à constituer un patrimoine pour la retraite

1. Lire notamment : Régis Bigot et Sandra Hoibian, "La crise du logement entretient le sentiment de déclassement social", in *Consommation et modes de vie*, n° 226, février 2010. Disponible sur : http://www.credoc.fr/pdf/4p/226.pdf

2. Lire notamment cet excellent article de *L'Expansion* : http://lexpansion.lexpress.fr/immobilier/comment-l-allemagne-empeche-les-prix-de-l-immobilier-de-flamber_249642.html

(qui sera forcément faible, en dépit du régime de répartition), un placement sûr (car investir dans des actions et des produits financiers qui injectent de l'argent dans les entreprises rapporte peu, comporte trop de risques et n'enrichit que le grand capital), tout en lui demandant aussi d'être mobile pour trouver du boulot. Une contradiction frisant la schizophrénie, car dans les pays où le prix du mètre carré est à un niveau délirant, comme en France ou en Grande-Bretagne, il faut rester propriétaire au moins six à sept ans avant d'envisager de revendre sans perdre de l'argent (et sans compter les frais de notaire, qui sont en France les plus élevés d'Europe). Tant pis si l'on perd son boulot entre-temps et qu'on en retrouve un à 50 km. On prendra l'auto.

La schizophrénie est en fait partagée par nous tous : nous voulons habiter une maison isolée, à la campagne, mais avec les services et les commerces d'une ville et, bien évidemment, près d'un transport en commun. Si je suis toujours dans ma voiture, c'est bien parce que le maire n'a pas posé d'arrêt de bus en haut de ma rue ! Ouh le vilain, je ne voterai plus pour lui !

Pour sortir de cette contradiction, des maires décident de ne pas ouvrir, sur leurs communes, de nouvelles zones à urbaniser. Ce qui peut pousser les aspirants à la propriété à aller dans la commune d'à côté. Le territoire, déjà diffus, devient dès lors incohérent, mité de parcelles aussi isolées que les logements qui les constituent. En France, la structure administrative et la fiscalité de l'urbanisme favorisent cette folie. Avec 37 000 communes (l'Union européenne en compte 90 000, partagées en vingt-sept pays…) pour autant de paroisses sous l'Ancien Régime, le territoire est morcelé de 37 000 sommes d'intérêts particuliers et d'ego d'élus assis sur leur pouvoir, conféré par la démocratie. Chacun, détenteur de la police de l'urbanisme, signataire des permis de construire, veut sa zone d'activités, sa piscine, et chacun attire comme il le souhaite les projets immobiliers. Les regroupements de communes au sein des intercommunalités n'ont pas toujours permis de mutualiser dépenses et coûts, ni d'envisager le développement à l'échelle d'un bassin de vie. Le remède a même parfois conduit au pire : lorsque personne n'arrive à se mettre d'accord pour implanter une zone commerciale parce que chaque maire la veut chez lui, il est décidé de ne pas décider, en autorisant la construction en bordure de communes, c'est-à-dire loin du centre de chacune. Les dents creuses sont ensuite comblées par des programmes immobiliers (BBC, bâtiment basse consommation, ou HQE, haute qualité environnementale, bien entendu) de part et d'autre des interminables routes et ronds-points déroulés pour amener les consommateurs là où ils devront demain aller acheter. En outre, le code et la fiscalité de l'urbanisme, ainsi que le système complexe d'aides au logement (en particulier l'éco-prêt à taux zéro, sans distinction de revenus) favorisent de fait les petites opérations immobilières, les lotissements excentrés plutôt que les logements collectifs, parce qu'ils sont moins chers à bâtir, moins complexes à monter vis-à-vis des banques, et sont donc plus rentables. Un immeuble en centre-ville coûtera toujours plus à élever qu'un nombre équivalent de logements extra-urbains : le foncier et les réponses à donner aux normes de construction ne sont pas du tout les mêmes.

Respirons quand même. Le renforcement des directives européennes en matière d'urbanisme, d'environnement et de santé publique, celui des législations nationales et, en France, la réforme de la taxe professionnelle (versée par artisans et entreprises) qui a privé les communes d'une partie de leurs ressources, tout cela est en train de changer la donne : l'heure est désormais à la réflexion à l'échelle d'un bassin de vie et à la décision en commun. Il était temps ! Quant à supprimer 90 % des communes, à ne conserver, dans les intercommunalités, que la plus importante, qui serait seule détentrice du pouvoir d'urbanisation, on va attendre un peu.

LA DOUBLE PEINE FAIT DES PETITS

Pour lutter contre la propension instinctive à s'étaler, les agglomérations françaises et européennes sont depuis quelques années assujetties par la loi à se serrer la ceinture. À limiter physiquement les distances entre lieux de résidence et de travail pour en finir avec la ségrégation spatiale de l'urbanisme. Afin de limiter par là même la circulation automobile et ses corollaires, pollution, temps perdu et accidents. Pour conserver aussi, et c'est nouveau, de la terre agricole : avec 9 % de terres artificialisées (un chiffre en croissance), la France est un des pays riches qui, ces dernières années, a le plus perdu de sols en herbe transformés, dans l'ordre, en réseau routier et en habitat individuel. Tous les sept ans, l'équivalent de la surface d'un petit département français – 600 000 ha – disparaît ainsi sous le macadam, le parpaing et le gazon. Sept millions d'hectares de terres se sont envolés en cinquante ans dans le pays le plus agricole de l'Union européenne... Une perte nette pour une agriculture qui est en demande de surfaces plus importantes à mesure que la société exige d'elle qu'elle produise autant en utilisant moins d'intrants chimiques, en abîmant moins les sols, tout en accueillant plus de milieux naturels et en facilitant la circulation des espèces sauvages (*via* les corridors écologiques, ou trames vertes). Qu'y faire, là encore? La terre à bâtir vaut soixante fois le prix de la terre à vache. La prairie à retourner pour en faire un champ de céréales rapporte bien plus en subventions que le lait vendu à son prix de revient au supermarché. Tout pousse à la périurbanisation. Parce que personne ne contrôle rien. Le marché gouverne, on ne peut s'y opposer. Encadrer les prix du foncier, bâti ou à bâtir, est un sacrilège. Les Danois le font, pourtant, et ils ne sont pas les seuls. Les Allemands encadrent sévèrement les loyers. Ce ne sont pourtant pas des collectivistes.

La perte de "bonnes terres" est d'autant plus mal ressentie qu'aujourd'hui les gestionnaires de l'eau estiment qu'un sol en bon état, comme celui d'une prairie, riche de sa biodiversité, est une éponge à eau qui limite le ruissellement et ne risque pas, à la moindre tempête, de débouler en avalanche sur la route. Les scientifiques sont aussi certains qu'un sol bien entretenu (la prairie encore) est un excellent puits de carbone, équivalent à la forêt tempérée. Discrètement, la biodiversité s'est ainsi invitée dans le débat. Disputer les sols agricoles à la voiture et à la maison individuelle, c'est protéger la biodiversité commune.

Laquelle se révèle aux élus sous un aspect plus concret encore : en ville comme alentour, une prairie, une pâture, une haie, un bosquet réfléchissent plus la chaleur du soleil qu'un parking ou un toit. Et, puisqu'une partie de la chaleur ambiante est consommée par la vaporisation de l'eau des plantes lors de ce que les botanistes appellent l'"évapotranspiration", il fait toujours moins chaud, sous une météo identique, à la campagne qu'à la ville. Tant qu'il y a de l'eau dans le sol, évidemment, sinon, c'est pareil. L'effet "îlot de chaleur urbain" (ICU), créé à la fois par les surfaces réfléchissantes (étanchéifiées), très peu "évapotranspirantes" (le gazon-thuya des jardins, mais aussi les monocultures uniformes telles que les champs de maïs et de colza) et… la chaleur des moteurs et de leurs gaz d'échappement, est aujourd'hui un souci majeur pour la Commission européenne. Il est coresponsable des cinquante mille morts prématurées que l'Europe a déplorées lors de la canicule de 2003. Soumise à la chaleur, nos villes ont fabriqué encore plus de chaleur. Or le réchauffement climatique est une réalité. De même que les allergies et autres maladies facilitées par la pollution de l'air, qui n'est jamais aussi bien concentrée que dans la cocotte-minute qu'est un ICU. En France, une étude a montré que ledit ICU serait aussi fort dans certains arrondissements de la capitale, par trop couverts de macadam, de pierres et de béton, que dans la lointaine périurbanité où se juxtaposent des champs immenses, des routes entrelacées, des centres commerciaux et des lotissements en grappes[1]. Un patchwork de radiateurs.

1. http://www.cnrm-game-meteo.fr/spip.php?article271

La double peine des relégués du foncier et des aspirants au coin de nature ne va donc pas s'alléger : il y aura la triple peine avec l'interdiction de fait du diesel en centre-ville, et la quadruple avec l'augmentation parfois plus forte qu'en ville de la température en été. Il faut ajouter la peine physique et morale : l'étalement urbain accroît la vulnérabilité face aux risques naturels que sont l'inondation, les coulées de boue, les coups de mer ou les incendies de forêt. Car les terres les moins chères ne sont pas toujours les plus protégées des affres naturelles, et les élus, comme leurs administrés, se soucient assez peu du respect des lois, des plans de protection et des simples évidences installées par l'histoire locale. Tant que la mort et la destruction ne sont pas là, on ne s'inquiète pas, d'autant que les assurances et l'État, eux, seront toujours là pour aider à reconstruire. La catastrophe de la Faute-sur-Mer, survenue en 2009, est un bel exemple de cette connerie criminelle partagée[1]. Qui a fait avancer les choses. La France est un pays magnifique qui n'avance que par bonds, à chaque fois qu'un drame oblige les lâches à prendre leurs responsabilités.

VERS UN DROIT RÉEL À LA DENSITÉ ?

La relégation urbaine fait peur aux élus. Les futurs ghettos sont des menaces. Dans la plupart des territoires où des études de vulnérabilité face au changement climatique ont été conduites, c'est l'étalement urbain qui est le premier facteur aggravant. En réduire l'importance, c'est finalement reconnaître ce "droit à la densité" de l'édile

1. Lire les rapports édifiants de la Cour des comptes, notamment : http://www.ccomptes.fr/Publications/Publications/Les-enseignements-des-inondations-de-2010-sur-le-littoral-atlantique-Xynthia-et-dans-le-Var, et celui, effrayant, rédigé bien avant la catastrophe, et que personne n'avait pris la peine de lire, de la DDE http://www.uplc17.org/wp-content/uploads/2013/01/S_Raison_Vendée_rapport-2008_DDE-85.pdf

dionysien (c'est ainsi que se nomment les habitants de Saint-Denis, la ville des rois de France).

Concrètement, cela signifie structurer les agglomérations autour des transports en commun existants, renforcer les pôles périurbains à forte densité de population, gérer ou limiter l'étalement, contraindre l'usage de l'automobile et favoriser les modes doux (marche et vélo) autant que les transports en commun. En creux, c'est une sérieuse remise en cause de la prééminence du tout-voiture qui guide aujourd'hui les élus lorsqu'ils mettent en place ou révisent leurs plans de déplacement urbain (PDU), plans locaux d'urbanisme (PLU), plans locaux de l'habitat (PLH), schémas de cohérence territoriaux (Scot), plans climat-énergie territoriaux (PCET), schémas régionaux du climat de l'air et de l'énergie (SRCAE), Agenda 21 et leurs équivalents allemands, espagnols, belges, britanniques et bataves. Ces outils permettent de planifier le développement d'un territoire à l'échelle du bassin de vie, qui est celle, le plus souvent, de l'intercommunalité ou du "pays", notion nouvelle qui permet de ne pas se circonscrire aux limites d'un département. En clair, mutualiser la consommation d'hectares et améliorer l'utilisation des hectares déjà urbanisés pour en terminer avec l'étalement, préserver la terre agricole et développer l'intermodalité, mot à la mode signifiant tout simplement la possibilité offerte aux usagers de passer d'un mode de transport à un autre sans avoir à y réfléchir ni à ressortir le porte-monnaie en passant de l'un à l'autre. En pratique, Scot, PLU et PDU établissent des prescriptions, en principe obligatoires sur leurs territoires, en matière d'infrastructures et de moyens de transport, d'aménagements spécifiques à la marche et au vélo (cela peut aller jusqu'à élaborer des schémas directeurs particuliers), et de gestion du stationnement, du covoiturage, des gares, des parkings à vélo, etc.

Puissants, ces outils sont passionnants à mettre en place. J'ai participé à certains d'entre eux. Passionnants, parce qu'ils nécessitent des diagnostics divers qui en disent long sur la vie de tous les jours d'une aire urbaine et les choix de société sous-jacents, mais révèlent aussi indirectement l'avenir si jamais rien ne changeait. Le Scot est sans doute le document d'urbanisme le plus intéressant, car il engage élus et citoyens à se projeter dans un avenir qu'ils doivent écrire eux-mêmes, sans idéaliser le passé ni réitérer les erreurs du présent, en fonction des questions posées par les problématiques d'environnement. Cela revient, à l'échelle d'un bassin de vie, à tirer le fil de l'étalement urbain, qui démêle la pelote des choix de société des cinquante dernières années.

LES ÉTAPES DE LA BONNE RECETTE

Les exemples sont innombrables ; tous, pour ne parler que des transports, puisent aux mêmes ingrédients.

Soit, à la base, une offre de transport en commun structurante, le plus souvent ferrée, comme un tram, un tram-train, un "train-tram" (un train qui va dans les rues, pour faire court), un train régional, ou un bus en site propre (un bus "à haut niveau de service"). Quasiment toutes les villes de plus de 250 000 habitants en Europe et en Amérique du Nord, au Japon et en Amérique du Sud ont développé cela. Les villes moyennes satellites s'y mettent progressivement, comme Amiens, en France, qui lance les travaux de son tramway. Il portera le joli nom de Amstram, choisi par la population.

Tracer une ligne de bus ou de tramway ne suffit pas. La deuxième étape de la bonne recette est de renforcer la première par la mise à disposition à prix d'ami de parkings-relais (les fameux P + R, ainsi signalés dans toute l'Europe) et de garages à vélo dans les gares : c'est à Luxembourg et à Genève que l'offre est la plus élevée sur le continent, avec respectivement 50 et 26 places de parking pour 1 000 habitants, contre 1 à 6 dans les autres États de l'Union européenne. C'est aussi à Genève que c'est le plus cher (une trentaine d'euros pour la journée, contre 15 à 20 € à Paris). Dans la plupart de ces parkings, les vélos sont bien accueillis. Il ne suffit pas de grand-chose ! En racks, empilés sur un à deux étages comme derrière la gare de Lille-Flandres, les vélos n'occupent au sol qu'un tout petit mètre carré.

Ne pas oublier ensuite, ça tombe sous le sens, de faciliter l'interconnexion avec les autres modes de TC. C'est difficile à faire, pour des raisons foncières (il faut de la place, laquelle est chère) et administratives (les différents TC sont rarement gérés par les mêmes administrations, ni exploités par les mêmes sociétés privées)[1]. C'est pourtant indispensable, car en général, au-delà de 150 m ou 10 min de marche, l'usager du train renonce à aller rencontrer le tramway. Cette “rupture de charge” doit être la plus réduite possible. Des agglomérations y sont globalement parvenues, comme Amsterdam, Copenhague ou Francfort. La ville allemande est d'ailleurs un exemple remarquable d'intégration de l'avion, du train interrégional, du train de banlieue, du train à grande vitesse (l'ICE), du métro, du tramway, du bus… de l'auto, qui fait de la gare centrale une véritable porte sur l'Allemagne et le reste du monde. L'expression, bateau, n'est en l'espèce pas galvaudée. D'autres gares sont exemplaires : St. Pancras, à Londres, la gare du Nord, à Paris, la gare centrale de Pékin, ainsi que beaucoup d'aéroports. Souvent, ces réussites ont pour origine le regroupement de tous les TC, autorités et entreprises, sous l'égide d'une seule autorité fédératrice, comme c'est le cas dans toute la région parisienne et… dans l'ensemble de l'Allemagne.

Le stationnement est une étape essentielle. Il faut que l'automobiliste soit incité à se garer au plus près du TC structurant. Certes. Mais il faut aller jusqu'au bout de la réflexion ! Inciter à prendre le train, c'est aussi faire savoir qu'en ville, de toute façon, il n'y aura pas de quoi se garer : la restriction du stationnement est une arme redoutable pour améliorer l'attractivité du moyen de transport lourd (on parle de “faciliter le report modal”, en langage

1. Voir chapitre VII.

technique), parce que nous prenons l'auto quand nous sommes certains que nous pourrons la garer[1]. Cela, toutes les villes y sont déjà venues. Fort de ce simple constat, c'est Zurich qui a été le plus loin, en interdisant purement et simplement la mise à disposition de parkings sur les lieux de travail !

Réduire le parking en ville, comme on le verra au chapitre suivant, c'est l'occasion de rétrécir, tant qu'on y est, l'offre de voirie dédiée à l'automobile. Ce qu'on gagne, on le garde en aménageant des voies dédiées aux TC, en multipliant aussi les sens interdits, les "contresens vélo", les zones à vitesse réduite. Cela peut être ponctuel, comme à Grenoble, où, en cas de bouchon, les bus ont le droit d'emprunter la bande d'arrêt d'urgence sur une portion de l'autoroute A48. C'est le plus souvent permanent. Ce que la ville de Chambéry a eu le courage de mettre en place dès le début des années 1980, d'autres ont appris à le faire ensuite, comme Valence (en France), Reims, Rome ou Barcelone.

L'expérience des villes pionnières montre que le meilleur allié de la recette anti-tout-voiture est le vélo. Parce qu'il oblige à rouler moins vite et démarginalise l'ensemble des TC. Sans aller jusqu'à créer des autoroutes à bicyclettes comme au Danemark, ni des voies centrales dédiées comme en Suisse et en Autriche (c'est redoutable pour faire peur aux automobilistes !), beaucoup d'agglomérations, à l'image de Strasbourg, s'acheminent vers cela, au moins dans l'esprit de leurs réalisations.

Enfin, ce qui ne gâche rien, inciter l'automobiliste à être gentil avec ses collègues et voisins n'est pas inutile. Le covoiturage, encouragé par exemple par des voies dédiées aux voitures occupées par plus de deux personnes (c'est le cas à Los Angeles et à Madrid) ou par des places de parking réservées comme à Nice, entraîne une diminution très rapide des bouchons.

1. Voir chapitre VII.

Finalement, tout cela revient à réduire la vitesse moyenne des autos. Autant alors en décider sans hypocrisie. Les zones où la vitesse est limitée à 30 ou 20 km/h, communes en Suisse et en Allemagne, étendues à la quasi-totalité du centre-ville de Graz, deuxième métropole autrichienne, et qui concernent déjà plus de 15 % des Britanniques, ont des effets démontrés tant sur le nombre et la gravité des accidents de la route que sur la fluidité de la circulation ainsi que sur la réduction des "coupures physiques" que sont, justement, les routes. Un cycliste a moins peur d'emprunter une "voie rapide" aussitôt que, par la réduction de la vitesse, elle est devenue un modeste boulevard urbain. Il n'est pas toujours nécessaire de couler du béton pour créer des continuités entre deux portions de voie cyclable. Je vous parlerai de cela en détail dans le chapitre VII.

UN NOUVEAU MÉTIER : INGÉNIEUR EN RELATION ?

Ces idées peuvent paraître irréalistes tant la culture de la voiture demeure prégnante. Pourtant, elles font leur chemin. D'autant plus facilement dans les zones périurbaines en raison même du fait qu'il y a de la place ! Restructurer, recalibrer, optimiser l'infrastructure est plus simple là où elle est abondante et large parce que la densité de population est faible. Le mal de l'étalement urbain est aussi son remède. Ce détournement du principe de Paracelse – la dose fait le poison – est facilité par un changement récent dans la façon de circuler en périurbanité. "Grâce" à l'installation de multiples et horribles zones d'activités, des lieux de travail se sont rapprochés des lieux de résidence. Les déplacements de l'un à l'autre sont plus courts, en distance et en temps, et, surtout, ils se font moins de la maison vers la métropole. Plus tangentiels, moins radiaux. Cela signifie que, autour de plusieurs grandes villes européennes, des zones éloignées, auparavant reliées à celles-ci par un flux ininterrompu de voitures et de trains bondés, sont en train de s'autonomiser. La tendance s'observe en

Europe comme aux États-Unis. Encore une fois, le mal de la périurbanité peut être aussi son remède si tant est que la métropole accepte cette prise de liberté en l'inscrivant dans les documents de planification que sont le Scot, le PLU et le PDU, et en faisant en sorte que, concrètement, commerces, services et transports en commun soient renforcés dans ces nouveaux satellites. Les réticences sont souvent politiques : maintenir le lien entre la ville et ses banlieues, c'est aussi maintenir le pouvoir exercé sur elles.

Il y a loin cependant de l'intention vertueuse à la mise en pratique efficace. Il y a du temps à perdre, des cheveux à s'arracher en réunion. En France plus qu'ailleurs, où l'industrie qui se porte le mieux est celle de la complexification administrative. Tous les documents d'urbanisme cités, dont le plus important, le Scot, doivent être plus ou moins compatibles entre eux. Et avec tous les autres que je n'ai pas cités. C'est une horreur juridique qui n'est pas simplifiée par le fait qu'évidemment, l'élaboration de ces textes ne démarre pas au même moment.

Un exemple, le stationnement, sur lequel je reviendrai au chapitre suivant. Partout dans le monde, le rendre moins facile là où les automobilistes veulent aller a poussé ceux-ci à prendre les transports en commun, y compris les périurbains. Le problème est que dans la cinquième puissance du monde, quatre ministères, toutes les communes, les intercommunalités, les autorités organisatrices des transports urbains (AOTU, qui gèrent l'ensemble de l'offre en TC d'un territoire), les départements et enfin les régions ont leur mot à dire. Aux alentours d'une gare, c'est encore pire, car il faut rajouter la SNCF (qui gère tous les trains) et le RFF (toutes les voies de chemin de fer). Et puis le stationnement, pour les commerçants, invraisemblable lobby des centres-ville, est une prothèse dont ils ne peuvent se passer : *"No parking, no business"*, disait Bernardo Trujillo, l'un des pères, américains, de la grande distribution.

Il faut donc beaucoup d'effort de coordination, de temps, d'énergie pour convaincre. De "l'ingénierie de la relation", disent les premiers concernés... pour convaincre chaque autorité responsable de l'urbanisme ou du transport de ne plus penser d'abord au territoire qu'elle chapeaute. On est soucieux, en France, des délimitations de son fief. Le réflexe de féodalité n'a jamais été chassé par la République, qui n'a toujours pas digéré d'avoir coupé la tête du roi. Ce réflexe légitimiste peut pourtant se retourner contre lui-même dès lors qu'un baron tape du poing sur la table et parvient ainsi à vassaliser les fâcheux : une volonté politique forte, servie par de bons relais au gouvernement, des relations nombreuses dans les territoires concernés et un charisme évident, cela fait en général des miracles. Le succès de la politique urbanistique et de mobilité à Montpellier, repose entièrement sur la personnalité de feu Georges Frêche. Sur celle d'Alain Juppé à Bordeaux, de Paul Vergès à l'île de la Réunion, de Philippe Séguin à Épinal, de Pierre Mauroy à Lille. La France n'est toujours pas sortie de l'Ancien Régime. Il n'y a pas que cela.

Dans ces villes, comme à Genève, en Île-de-France, à Toulouse ou à Grenoble, la bonne articulation entre politiques d'urbanisme et de transport repose sur un "sens de l'économie institutionnelle, en réarrangeant des acteurs et des moyens existants dans des dispositifs originaux, sans alourdir la scène urbaine par la création de nouvelles structures", résume le Certu[1]. La notion de territoire institutionnel sait parfois s'effacer derrière celle de territoire de projet, et avec elle l'intérêt particulier s'endort sous l'intérêt général. En Allemagne, c'est une réalité : la quasi-totalité du pays est couvert par l'équivalent des "syndicats mixtes" français qui regroupent, pour mieux gérer les transports, les AOT de plusieurs territoires. Dans l'Hexagone, elles ne concernent que quelques malheureux pour-cents de la population.

Le "droit à la centralité", fort théorique, progresse en France. L'étalement urbain, le tout-voiture, c'est fini. Les ferments d'une révolution sont là. Germée, celle-ci ne

1. Rapport Certu, doc. cité.

transformera pas le pays, l'Europe, en un désert rural ponctué de métropoles densifiées autour de leurs transports en commun. Plutôt en un ensemble d'agglomérations organisées comme le système solaire. Une étoile, des planètes et des satellites, chacun tournant seul, mieux encore, autour des autres. En attendant, des élus continuent de signer des permis de construire en zone inondable. Peu savent résister, comme l'ancien ministre du Budget français Michel Charasse en son village auvergnat de Puy-Guillaume, à la pression corruptrice de la grande distribution, désastreuse socialement et écologiquement, fomentrice de périurbanité, charmeuse de voitures. Alors que la densification est dans tous les textes, les hypermarchés s'ouvrent comme jamais, en France, pays de cocagne de l'oligopole néosoviétique du commerce destructeur. La bascule se fera sans doute quand les pouvoirs publics cesseront d'autoriser la construction de surfaces commerciales gigantesques. Ou bien lorsque les automobilistes ne se gareront plus sur leurs parkings. Ne plus acheter en hyper, c'est, mine de rien, faire un choix d'urbanisme.

VII

EN VILLE, LA CHASSE À L'AUTO EST OUVERTE

C'est un cas rare : le chauffeur de taxi qui sourit à son client, ne râle pas et même, rendez-vous compte, se montre content du tramway ! Où vit-il, celui-là ? Il s'agirait de le déposer à l'Institut national de la propriété industrielle pour en faire un mètre étalon. La félicité faite homme habite à Mérignac et conduit aux destinées d'une voiture de chez M. Mercedes. Hélé à l'aéroport – il m'arrive, honte à moi, d'emprunter l'avion, lorsque les contraintes d'agenda et de garde alternée ne me laissent plus le choix –, il en était venu, dans un modeste bouchon de banlieue, à louer non le Seigneur, mais Alain Juppé. En dépit du soulèvement des chaussées qui a duré des années, des tracas policiers, d'embouteillages inhabituels qui avaient fini par s'installer, de la plus habituelle morgue des commerçants voyant disparaître leurs parkings, de soucis d'alimentation électrique, le maire de Bordeaux avait fini par parachever le tramway.

Il aurait dû creuser le métro pour lequel son prédécesseur, l'illustrissime Jacques Chaban-Delmas, avait la préférence : le grand Jacques aimait trop l'automobile pour l'empêcher par des équipements gagnés sur la voirie. Alain Juppé ne partageait pas, en ce qui le concerne, un tel attrait. Sachant sa ville endormie, couchée en demi-lune sur le bord de la Garonne, il estima qu'elle ne pourrait se réveiller tant qu'elle serait asphyxiée et interdite de mouvement par l'omniprésence de la voiture. Alain Juppé, ancien Premier ministre, ancien ministre des Affaires étrangères, hurla bien fort, et de sa bouche sortit ce tramway qu'aujourd'hui tout le monde applaudit. Même le chauffeur de taxi : "Depuis le tramway, il y a moins de voies de circulation, mais ça roule mieux, c'est plus fluide." L'heureux conducteur de Mérignac avait découvert que réduire la vitesse moyenne de la circulation automobile facilitait celle-ci. Et que mettre un "TC structurant" en surface plutôt qu'en profondeur avait permis de faire revenir à l'existence une ville qui, depuis des années, se contentait de mirer dans le large fleuve le ruissellement de sa beauté fanée.

Essayez, c'est un bon exercice. Demandez au taxi et au commerçant ce qu'ils pensent du tramway en projet ou, pire, en travaux, dans sa ville. Pour un maire, il y a de quoi en perdre son mandat. Et pourtant, ceux qui ont tenté ont été presque tous réélus. En dépit des désagréments infernaux qu'entraîne la mise en chantier d'un moyen de transport en commun lourd, un TCSP, en volapük techno ("transport en commun en site propre", c'est-à-dire sans voiture pour le gêner), soit un BHNS ("bus à haut niveau de service") ou un tramway, les avantages, pour les usagers, finissent par l'emporter. Y compris pour les boutiquiers qui savent, dans le fond de leur cœur, qu'il n'y a pas meilleur client que celui qui passe souvent et revient régulièrement. Le chaland est le plus dépensier du bassin de la chalandise. La somme des petits achats du piéton et du cycliste, descendant de leur bus, est en effet toujours supérieure au gros de l'automobiliste.

Partout où le vent du changement est passé, on ne parle plus que de "pacification" de la ville. C'est dire si, avant, les temps automobiles n'étaient pas à la douceur. Tout est dans les mots, toujours.

UN GOÛT DE BOUCHON TROP PRONONCÉ

La voiture ne règne plus en maître là où elle s'était installée de force. La ville, qui l'avait accueillie comme un libérateur de l'individu dans les années 1970, la traque aujourd'hui sans toujours beaucoup d'énergie, mais le mouvement de reprise en main est puissant. Surtout dans la ville dense, les agglomérations conséquentes, car pour les petites villes, les agglos moyennes, les campagnes, la voiture n'a pas – encore ? – provoqué l'exaspération. Ce qui motive les élus, c'est ce qu'ils voient chaque jour : la congestion, les bouchons, les ralentissements, la vitesse moyenne désespérante, les parkings pleins, les trottoirs envahis, le temps perdu, tout cela exaspère. Tant mieux ! Un automobiliste qui n'en peut plus, c'est un usager du transport en commun qui s'ignore. Voire un cycliste potentiel. *A priori*, le laisser-faire devrait donc être encouragé.

Sauf que cela à un coût. En pollution de l'air, par exemple, qui se trouve amplifiée par la congestion et la chaleur, et le sera plus encore demain avec le réchauffement climatique[1]. Une pollution désignée comme ennemi public n° 1 par l'Europe, dont l'atténuation se fera au prix de l'inéluctable interdiction du diesel[2]. En France comme dans l'Union, les plus grandes agglomérations sont tenues de présenter des plans de protection de l'atmosphère très restrictifs. Or on a vu, dans l'Hexagone, le sort réservé à leurs déclinaisons : les zones d'actions prioritaires pour l'air (ZAPA), au nombre de huit (Nice, Aix-en-Provence, Bordeaux, Clermont-Ferrand, Grenoble, Paris, Lyon et Saint-Denis), n'ont toujours pas vu le jour. Hormis la complexité de leur mise en place, l'interdiction faite aux voitures les plus polluantes de pénétrer les centres-ville a fait tiquer les élus, car, anciennes, roulant au gazole, elles sont le plus souvent la propriété de ménages pauvres. On n'a pourtant pas enregistré d'émeutes en Allemagne, où il existe une cinquantaine de périmètres équivalents, ni en Italie, qui en affiche une centaine. Mais ces pays sont moins diésélisés que l'Hexagone. L'amende de 40 à 100 millions d'euros que la France paiera en 2013 et en 2014 à l'Union européenne pour non-respect de l'obligation de maintenir l'air

---

1. Voir chapitre VI.
2. Voir chapitre III.

des villes sous un certain niveau de polluants, microparticules en tête, s'explique en partie par la circulation des nombreux véhicules tournant au gazole.

En partie, seulement, car, ici et là, c'est le chauffage au bois qui pollue, comme dans le département des Vosges : un tiers des microparticules en sont issues ! Dans la vallée de l'Arve, près de Lyon, c'est près de la moitié. Quoi qu'il en soit, le pays au coq chantant, n'ayant plus le sou vaillant, pourrait réclamer demain aux collectivités locales de l'aider à payer la note… alors que celles-ci commencent seulement à bien mesurer la facture sociale à venir de l'appauvrissement des ménages les plus éloignés pour cause de hausse des prix des carburants.

LE TABOU DU PARKING

La voiture embête tout le monde. À l'échelle d'un bassin de vie, la solution est avant tout foncière : elle repose sur un réaménagement du territoire autour des TC "structurants[1]". À l'échelle de la ville, du pôle urbain, de la métropole, la méthode est moins visible. Les élus conscients, soucieux de respecter la loi qui les contraint à ne plus penser en premier lieu à l'auto, mettent en œuvre des moyens de coercition particulièrement pervers, parce qu'ils sont sournois. Une façon de retourner au profit du contribuable la loi de l'emmerdement maximal imposée à tous par l'auto du même contribuable. Démoraliser l'automobiliste est aujourd'hui le mantra des agglos.

Le plus simple, c'est encore de supprimer les places où il a l'habitude de se garer. Ça ne coûte pas trop cher, et, partout où cela a été fait, cela s'est révélé très efficace, car, faute de places en nombre suffisant, les voitures tournent durant les heures de pointe, ce qui contribue au désespoir recherché. Donnez un coup de pied au chien, il finira bien par aller renifler ailleurs. Mais, politiquement, c'est

1. Voir chapitre VI.

dangereux. Bertrand Delanoé l'a fait à Paris, et cela ne lui a pas valu que des louanges. À l'autre bout de la France, à Nice, Christian Estrosi est en train de s'adonner à la même chasse au stationnement, dans une région où le taux de motorisation par ménage est pourtant le plus élevé de France (1,8), et où l'auto est plus grosse, plus longue, plus haute et plus puissante qu'ailleurs. Sans doute pour se protéger du soleil. Bonne pâte, le maire a décidé d'équiper les emplacements, privés et publics, de puces renseignant en temps réel, *via* une application sur smartphone, les disponibilités immédiates. Il faut dire que la mairie s'était rendu compte que de 20 à 25 % des voitures circulant en son "hypercentre" aux heures de pointe étaient en quête éperdue d'une place libre. Alors que les spécialistes estiment qu'à 10 %, on est déjà au maximum tolérable.

La place de parking est en vérité le tabou ultime. Le rectangle de macadam est un droit aussi évident que l'accès à l'eau potable. Pourtant, les professionnels de la chose savent que le "stationnement à destination" est un "déterminant du choix modal". En effet, c'est parce qu'il sait bien qu'il aura une place de parking pas chère près de là où il souhaite se rendre que l'automobiliste n'hésite pas à tourner la clé de contact. Le succès des hypermarchés et les bougonnements permanents des commerçants s'expliquent avant tout par cela. On ne touche donc pas impunément au stationnement. On peut bien être corrompu, avoir des comptes en Suisse, il ne faut tout de même pas empêcher l'automobiliste de se garer. Dans toute l'Europe, les études ont démontré que, neuf fois sur dix, si l'on va travailler en auto, c'est d'abord parce qu'on sait qu'on pourra se garer gratuitement au bureau. Le lien est parfaitement linéaire, y compris dans les zones périurbaines. Il a été vérifié partout. Or, pour les entreprises, une place de parking, c'est du foncier qui coûte cher. En réduire le nombre s'avère donc, en temps de crise, un moyen de diminuer les frais généraux. Comment ? En mutualisant l'ensemble des places d'un parc d'entreprises, et en incitant les employés, *via*, en France ou en Suisse par exemple, les plans de déplacement en entreprise (PDE) ou, mieux, les plans de déplacement interentreprises (PDIE), à covoiturer. Entre autres méthodes.

Mais revenons aux agglomérations. Pour diminuer l'offre en stationnement, le mieux est encore de supprimer physiquement les places. De les transformer en parkings à vélos, à motos, à vélos de location, à autos de location ou, plus simple encore, en voies cyclables. Un coup de peinture, et l'affaire est jouée. Il y a plus subtil et efficace, semble-t-il : augmenter résolument le prix de parking tout en en limitant la durée maximale autorisée.

LE PRIX DU TICKET

Le but est d'abord de décourager le fameux "pendulaire", qui, dans le langage obscur des spécialistes, désigne le périurbain, le banlieusard, le rural, le vilain, le pauvre se rendant chaque matin à la ville pour exercer son travail, et qui en ressort le soir pour regagner son logis. Celui-là occupe une portion de file de stationnement toute la journée, il est donc la cible principale. Il y a aussi le résident. Il habite la ville, n'a pas de garage souterrain ni de jardin ; il gare donc sa voiture au plus près de chez lui, laquelle ne sort pas de la semaine (pire que le pendulaire, en réalité). Enfin, il y a le chaland, celui qui passe, le touriste, le visiteur. Il arrive durant les heures de pointe, en plein centre, et perd donc de longues minutes à tourner avant de se garer.

L'objectif ultime de la manœuvre est bien d'inciter le conducteur à changer de mode de transport. Un "report modal" qui peut se faire vers… la marche et le vélo pour le résident et le visiteur, vers les transports en commun pour ce dernier, et surtout, c'est la cible de toute l'attention des élus, pour le pendulaire.

L'incitation vient du ticket. Depuis vingt ans, en France, le coût d'une heure de parking sur voirie (le long des trottoirs) a triplé, en euros constants, jusqu'à dépasser aujourd'hui celui d'un ticket de transport en commun, hors réductions (1,30 € en moyenne). Il se situe en 2013 à près de 1,80 € dans les plus grandes villes (300 000 habitants et plus), 1,40 € dans les moyennes (entre 100 000 et 300 000 habitants), 1 €, voire moins, ailleurs. Encore faut-il le payer, ce malheureux droit à user momentanément de la voirie. Or, en France toujours, pays de lois et de règlements dont le sport national est de s'arranger avec sa conscience pour ne pas les respecter, environ un automobiliste sur trois paie réellement sa place. C'est peu! Mais c'est assez logique, car la France est le pays d'Europe où l'amende pour non-paiement ou dépassement de la durée limite est la moins élevée : 17 €. Un montant qui n'avait pas changé entre 1985 et 2011. Alors qu'en 1985 elle représentait le coût d'une vingtaine d'heures de stationnement, la douloureuse n'est plus en 2013 que la valeur additionnée de neuf heures de parking… dans les grandes villes. Pourquoi payer alors? Le ratio est trop faible. Plus que dans un transport en commun en tout cas, où il faut vraiment avoir fraudé beaucoup pour rentabiliser l'amende prohibitive. Les mairies manquent de bras pour surveiller et coller des gentils flyers à timbrer sous les essuie-glaces. Il faut dire que le métier n'est pas valorisant. Se faire insulter par l'automobiliste à longueur de journée n'est pas un sort enviable. L'idée chemine donc de "dépénaliser" l'amende (l'amende ne relèvera plus du droit pénal, lequel impose un même tarif partout), de façon à ce que ce soient les AOTU – bientôt renommées en "autorités organisatrices de mobilité durable (AOMD)" – qui en décident du montant et en récupèrent une bonne partie des recettes. En période de disette budgétaire, elle fait son chemin dans les consciences les plus rétives : on parle de porter ici et là la douloureuse à 30-35 €. À Rome, elle peut monter à 41 €. À Londres… à 140 €. Ailleurs en Europe, on est plutôt à 10-12 €. Mais ailleurs, les automobilistes sont un tantinet plus civiques. En juin 2013, le sénat français a accepté l'idée de la dépénalisation. Si le Parlement la vote aussi, les maires auront en 2014 le loisir de fixer eux-mêmes le prix des "prunes" et d'en garder une partie plus importante. Ne restera plus qu'à l'appliquer, alors qu'on sera en pleine campagne électorale municipale !

Tout en favorisant les parkings privés. En leur sein, si on ne paie pas, on ne sort pas. La barrière a des vertus éthiques. Les villes en font grand usage. En silo ou souterrains, les parkings sont discrets, surveillés, propres. Qui plus est, ils libèrent de la place sur la voirie. Une place de parking le long du trottoir, c'est 15 m^2. Et 25 m^2, avec tous les espaces d'accès, en souterrain ou en silo… D'où l'intérêt d'empiler les autos ou de les stocker en sous-sol afin de ne pas gaspiller plus d'espace. L'enjeu est d'ailleurs très souvent de ne pas créer plus d'espace de stationnement qu'avant ; encore faut-il supprimer un nombre équivalent de places sur la voirie. Sinon, l'offre augmente, et les parcs de stationnement sont un appel à monter dans son auto, puisque l'on est assuré de pouvoir toujours se garer. Autre illustration du sempiternel effet rebond. Que l'on peut également observer avec les parcs relais : s'ils sont un succès, parce qu'ils sont bien faits et judicieusement localisés, ils sont vite saturés, ce qui incite les automobilistes à reprendre leur bolide pour aller se garer sur un nouvel et éventuel parc relais… Afin que la "démarche parking" soit cohérente, le prix doit être élevé sans être dissuasif. Inférieur en tout cas à celui du parking sur voirie. L'abonnement mensuel, pour les résidents, doit être limité en nombre de sorties, afin de ne point inciter à… sortir son auto trop souvent en journée.

Les parcs de stationnement sont en fait une excellente idée pour ôter des villes leurs tas de métal disgracieux, dans le cas où les revenus qu'ils génèrent ne finissent pas uniquement dans la poche du concessionnaire. Comme les stations d'épuration, les parcs de stationnement sont bien souvent des vaches à lait bien grasses pour les géants du BTP, qu'ils traient de temps à autre pour amadouer quelques gros matous politiques locaux indociles. Leurs tarifs sont élevés, et les municipalités ne s'y retrouvent pas. Toujours. C'est l'éternel dilemme des DSP, les délégations de service public. La mairie n'a à s'occuper de rien, c'est une entreprise privée qui se charge de la construction, de l'entretien et de la gestion, elle se contente de toucher des dividendes ou des taxes, et, après quelques années, elle récupère le parking. Se sentant quelque peu flouée, des municipalités comme Grasse ont décidé de reprendre en régie des parkings du centre-ville. Étrangement, les comptables municipaux se sont rendu compte que les frais généraux désormais à leurs charges étaient étrangement plus faibles que ceux présentés par l'ancien opérateur délégué.

Quoi qu'il en soit, parce qu'ils sont des lieux fermés, bien circonscrits, les parcs permettent un meilleur contrôle associé à une utilisation intelligente de l'espace disponible : proposer des vélos en location au sein des parkings et des prix dégressifs en fonction de la taille du véhicule ou du nombre de personnes à l'intérieur est une façon d'inciter l'automobiliste à changer la façon qu'il a de grimper sur sa monture.

Autre avantage, et non des moindres, se garer en souterrain ou dans un parc limite tous les inconvénients du stationnement classique le long des voies de circulation. Le premier desquels étant l'accident : les portières qui s'ouvrent, les voitures qui sortent de leur emplacement brutalement sont les premières causes d'accident pour les bus et les vélos. Le tout aussi banal rangement en épi, pare-brise vers le trottoir, est encore pire, car le chauffeur ne voit rien, sauf au dernier moment. Dans une ville idéale, les autos ne devraient pouvoir être rangées qu'en bataille, ou en épi, pare-brise vers la rue. Personne n'est capable de dire si la restriction du stationnement a pu, en France, pousser l'automobiliste moyen à devenir un bon petit usager du train de banlieue. À quoi ça sert alors !? Ce que l'on sait, en revanche, est que le succès des TER (les trains express régionaux, qui vont bien au-delà de la périurbanité) s'explique en partie par l'augmentation de l'offre en stationnement autour des gares. Aussi bien pour les voitures que pour les vélos. La multimodalité, c'est tout bêtement cela. Son bénéfice se trouve toutefois entamé dès lors que, pour ne point déplaire, les élus augmentent aussi l'offre au terminus de la ligne, en centre-ville. Car, dans ce cas, il n'y a plus de raison de prendre le train, compte tenu de cette règle qui fait qu'on prend l'auto quand on sait qu'on pourra se garer à destination. Observation faite également sur les tramways, les bus à haut niveau de service et les TC dédiés à la visite d'un site touristique : si les visiteurs ne sont pas obligés, par le stationnement, d'emprunter la navette ou le funiculaire, alors ils ne l'empruntent pas, et l'investissement est un échec. Au Tréport, le funiculaire, gratuit, est un succès parce qu'il descend du fabuleux site qui domine toute la ville portuaire vers le centre à partir d'un grand parking pas cher. Les parkings existent au centre, le long des quais, mais les places sont peu nombreuses.

La politique de stationnement est donc un excellent moyen d'exercer la loi de l'emmerdement maximal si l'on s'y tient. Son but est triple : fixer les autos des résidents, celle des pendulaires en périphérie, et surtout pas celles des visiteurs du centre-ville qui, elles, doivent stationner le moins de temps possible en voirie. Mais, tout le monde est d'accord là-dessus, tant que l'amende sera toujours aussi peu chère et les contrôles aussi peu sourcilleux, tant que les autos se sentiront autorisées à se poser sur les trottoirs, il n'y aura jamais de réelle incitation à garer son auto. L'agglomération de Lyon a développé un certain nombre de propositions en ce sens, très significatives de l'état d'esprit général des élus et des décideurs[1].

POUSSER LES VOITURES SUR LA GAUCHE

Que faire des places de stationnement en moins? Une occasion supplémentaire de terroriser l'automobiliste.

La place gagnée est redonnée au trottoir, parent pauvre de la voirie. Le piéton, la poussette et la trottinette sont

1. Voir Conseil de développement du Grand Lyon, *Pour une politique de stationnement intégrée, volontariste et pédagogique*, février 2011. Disponible sur : http://www.grandlyon.com/fileadmin/user_upload/Pdf/vie_democratique/conseil_developpement/Stationnement/2011/20110223_cdd_gtstationnement_contrib.pdf

heureux. Ou bien est-elle offerte à un bus, ce qui exige de gagner un peu plus encore sur la voirie. Finalement, une bonne politique de gestion de la circulation consiste à pousser les voitures toujours plus vers la gauche ! De façon, itou, à faciliter l'usage du vélo : la place récupérée par la suppression du stationnement le long des rues, des boulevards et des avenues est facilement transformable en voie ou en piste cyclable. Point n'est besoin de borner celle-ci par des plots ou des boudins en ciment. La vue d'un vélo suffit en général à déclencher un réflexe d'apaisement chez l'automobiliste normalement constitué (ça existe). Lorsque celui-ci croise régulièrement plein de cyclistes, le réflexe se fait pavlovien : pour faire accepter le vélo sur la voirie, il faut le multiplier jusqu'à atteindre un effet de seuil à partir duquel les automobilistes réduisent spontanément leur vitesse, pour éviter l'accident, vélo ou pas sur la chaussée. Les "contresens vélo", installés à l'inverse des sens uniques à 30 km/h, ainsi que les "voies centrales banalisées", une mode suisse (le vélo roule au milieu de la route, entre les deux chaussées réduites à 30 km/h), sont très efficaces… Mais vous êtes fou, des cyclistes à l'encontre des autos, il y aura des accidents !? Eh bien non ! Les études faites dans plusieurs villes d'Europe ont montré qu'il y a bien moins d'accrochages sur ces voies *a priori* accidentogènes que sur… les pistes cyclables bien protégées. Le cycliste étant sans protection, l'auto fait attention. Enfin, en Europe du Nord en tout cas, où ce genre d'équipements est devenu commun et où le nombre d'accidents n'a pas crû.

DES VÉLOS SANS PISTE

Comme le carénage de la moto routière fait oublier le vent, et donc la vitesse, la piste cyclable isole en réalité le cycliste des autres moyens de transport et le rend invisible à ceux-ci. Résultat, aux croisements, là où la piste s'achève sur une voie banale, la voiture est surprise par le cycliste, et boum. Huit accidents sur dix en agglomération se produisent sur les intersections. Pas besoin, donc, de tout tracer au sol, de border les limites, de materner le cycliste, au contraire. Il s'agit plutôt de le maintenir en éveil, lui et l'automobiliste, afin que la cohabitation se passe bien. Et en plus ça coûte moins cher.

Cela dit, une politique vélo ne se limite pas à cela. Avant de mettre de la peinture au sol, c'est un diagnostic des déplacements permettant d'identifier qui roule déjà dans quelles rues, de où à où, et qui pourrait rouler sur quels nouveaux itinéraires qu'il s'agit d'élaborer. C'est ensuite, à partir du diagnostic, l'élaboration de trajets complets, sans "ruptures de charge" : derrière ce terme emprunté à la logistique se cache par exemple la voie cyclable coupée par un boulevard, un parking, un carrefour ou le rétrécissement de la chaussée. Le vélo est facile sur 3 km en agglomération, le double s'il est à assistance électrique (VAE), si l'on n'a pas trop souvent à regarder derrière son épaule ni à poser les deux pieds par terre. C'est bien là la difficulté majeure d'une politique vélo : trouver des itinéraires complets, aussi courts que possibles, et… plats. La topographie est en effet le premier ennemi du mollet. Au pied d'une côte, le cycliste pense d'abord à trouver un poteau autour duquel fermer son antivol. Voilà pourquoi, dans beaucoup de villes européennes, les stations de vélo en libre-service, grand succès des années 2000 (mais hors de prix, nombre de villes commencent à y renoncer), sont toujours plus remplies en bas qu'en haut des côtes.

En France, c'est sans aucun doute la ville de Chambéry, qui, sous l'impulsion de son ex-maire Louis Besson, a eu la politique vélo la plus cohérente. D'abord entraver l'auto par des chicanes et des sens interdits afin d'en limiter la vitesse moyenne, ensuite mettre des vélos sur la chaussée. Cela dit, le champion toutes catégories reste le Danemark. Sur une année, un citoyen du pays de *Borgen*[1] parcourt en moyenne 1 000 km sur deux

1. Excellente série "politique" danoise, diffusée en France et en Allemagne sur Arte.

roues quand le Belge en aligne 300, alors que le Français, si fier de son tour de France, s'arrête à 100 km[1]. Celui-là est d'ailleurs le plus souvent un automobiliste qui achète un beau VTT pour se promener à l'occasion[2]. Et encore, un tiers de VTT possède-t-il : il n'y a qu'un malheureux vélo pour trois personnes en France, contre un pour un citoyen des Pays-Bas, et pas loin de deux pour chaque Danois. Sur la chaussée, le constat est aussi désarmant : 22 000 km de voies cyclables en France, 30 000 km aux Pays-Bas, pays seize fois plus petit. Rien de surprenant à ce que la "part modale" du vélo soit de 3 % dans l'Hexagone, et de… 25 % au pays des tulipes (et du fromage) ! Vous voulez voir cela ? Rendez-vous sur le site Google-Maps. Cliquez sur itinéraire, indiquez une ville dans la partie "B", puis appuyez sur l'icône vélo. Vous y verrez apparaître les voies officiellement cyclables[3]. Édifiant !

Pour autant, l'usage de la voiture est identique. Ce qui change, c'est la marche : près de 30 % des déplacements urbains se font en France à pied. Culture différente, imprégnée d'une histoire différente. En France comme en Allemagne, il y a une industrie automobile à soutenir, et des ingénieurs qui savent fabriquer et faire circuler les lourds moyens de transports en commun. Peu savants en matière cycliste, les responsables de la voirie et des transports des agglomérations de l'Hexagone font des voyages d'études et des stages en Europe du Nord pour apprendre à faire du vélo en ville. Ils visitent des pays où ils découvrent que leurs homologues ont fusionné leurs métiers. Voirie et transport, ça devrait être la même chose dès lors qu'on prétend mettre en place une réelle politique intégrée des transports. Mais, en France, la voirie reste chasse gardée

1. Enquête nationale des transports et des déplacements (ENTD) 2008, entre autres sources. Voir http://www.setra.equipement.gouv.fr/Enquete-Nationale-Transports-et.html
2. Voir chapitre V.
3. http://maps.google.fr/maps?hl=fr&tab=wl

des ingénieurs des Ponts et Chaussées, et les transports celle du technicien. C'est moins noble.

MIEUX QU'UN RÉGIME ?

La culture vélo ne pourra pas s'installer sans une imprégnation visuelle permanente : plus il y aura de bicyclettes sur la route, moins les automobilistes le considéreront comme un moyen de transport marginal. Et si le vélo n'est plus marginal, alors ni la trottinette ni le bus ne le seront. La politique, c'est d'abord l'art de manier habilement les symboles. Mais pour mettre des vélos sur la route, il faut une culture vélo. On n'en sort pas ! À moins d'inciter fiscalement et financièrement les courageux montés sur deux roues. Aux Pays-Bas, l'achat du vélo est en partie déductible des impôts. Les Anglais préfèrent alléger les charges sociales des entreprises en échange d'une aide à l'achat versée aux employés. Classique. Plus novateur, le remboursement kilométrique : en France, il ne concerne que l'automobile, qu'il avantage largement car il est de l'ordre de 0,45 €/km, alors que la voiture revient en moyenne à 0,27 €/km (c'est donc une subvention déguisée à l'usage de l'auto) ; eh bien, en Belgique et aux Pays-Bas, c'est le vélo qui est avantagé à hauteur de 0,21 et 0,19 €/km. Argent versé par l'employeur, mais aussi, en Belgique, par l'État, sous la forme d'une réduction des frais réels, selon le même taux. La France y réfléchit, paraît-il. Mais la France réfléchit beaucoup, et toujours très lentement. La Suisse préfère quant à elle déduire un forfait pouvant aller jusqu'à 580 €. Beaucoup de pays, de villes, de collectivités versent aussi des aides à l'achat de vélos. Le bilan des courses est banal : ce sont les pays de la moitié nord de l'Europe qui favorisent le plus l'usage du vélo.

Inciter fiscalement ne suffit pas toujours. Ce qui aide, c'est de communiquer franchement sur les coûts réels de la voiture, que chacun de nous minimise[1], et sur le bénéfice

1. Voir chapitre IV.

(économique et social) en matière de santé, ce que font très bien les Anglais, à partir d'un outil développé par l'OMS (Office mondial pour la santé), le Health Economic Assessment Tool (Heat[1]), et de l'étude Tapas publiée dans le *British Medical Journal*[2] : le "report modal" vers le vélo ferait baisser, à la louche, les coûts de santé d'environ 1 000 € par an, tandis que la pratique du vélo lui-même ne coûterait, à la Sécu, aux mutuelles et aux assurances, que 100 € (la plupart des accidents sont bénins). Le vélo, comme la marche, c'est le meilleur remède contre l'obésité, qui ne naît jamais aussi bien que dans la maternité automobile. Selon les médecins, une demi-heure de marche ou un quart d'heure de vélo chaque jour suffit à entretenir la machine humaine. En septembre 2012, une étude s'est penchée sur la Chine : entre 1989 et 1997, l'analyse du tour de taille de 2 485 adultes a révélé une augmentation de l'ordre de 20 % du nombre d'obèses et du poids moyen de 2 kg parmi ceux (14 % de l'échantillon initial) qui avaient acquis une voiture durant les huit années de l'étude[3]. La pollution ? Le cycliste, comme le marcheur, est bien au-dessus du pot d'échappement. Plus haut en tout cas que l'automobiliste qui, avachi dans son fauteuil à travailler son obésité et ses maladies cardiovasculaires, le respire à plein nez dans un embouteillage… Eh oui, ami conducteur, vous respirez bien plus de polluants que le marcheur ou le cycliste, bien plus que la personne debout (pas de chance pour le bébé dans sa poussette), en particulier si vous fermez les fenêtres dans les bouchons. À la maison comme dans un habitacle, pour diminuer son exposition à la pollution, il faut la di-lu-er. Donc ventiler. Ouvrez les carreaux, bon sang !

---

1. Voir www.heatwalkingcycling.org
2. Voir http://www.creal.cat/programes-recerca/en_projectes-creal/view.php?ID=46
3. Voir A. Colin Bell, Keyou Ge & Barry M. Popkin, *The Road to Obesity or the Path to Prevention: Motorized Transportation in China and Obesity in China. Obesity research*, 10:4, 2002, p. 277-283. Disponible sur : http://onlinelibrary.wiley.com/doi/10.1038/oby.2002.38/abstract

Pour les villes, la politique est une affaire de santé. Sa cible principale est le monde du travail. N'oublions pas qu'un quart des transports se fait depuis le domicile vers le bureau et inversement. En agglomération, les encombrements sont le fait des "pendulaires"... Faire miroiter la selle de vélo, ou le siège élimé du train, au travailleur motorisé ne peut donc pas se faire sans l'aide de son employeur. C'est la raison d'être des plans de déplacements en entreprise (PDE) et leur corollaire pour les parcs d'activité, les plans de déplacement interentreprises (PDIE). "Les employeurs sont des acteurs incontournables pour favoriser le report modal vers le vélo et de façon générale vers les modes alternatifs à la voiture solo, à travers les achats de vélos à coût réduit, les indemnités kilométriques vélo pour les déplacements domicile-travail, les vélos de fonction et les services et infrastructures facilitant l'usage du vélo au sein des entreprises. Dans tous les cas, les entreprises attendent de la mise en place de telles mesures des gains de productivité et des gains financiers. Dans de nombreux cas, les incitations économiques à l'usage du vélo sont rendues obligatoires dans les administrations publiques au nom de l'exemplarité de la puissance publique et restent facultatives pour les entreprises privées", estime le Certu dans un tableau de bord dressé pour le continent[1].

En pratique, ce n'est pas tant le parking à vélo protégé de la pluie qui fait sens, mais la douche. Arriver en réunion avec des auréoles sous les bras n'est pas motivant pour le cadre à deux roues. En Suisse, nombre d'entreprises ont d'ailleurs fait venir le plombier afin d'installer des douches pour éviter les costumes transformés en serviette éponge. Toutefois, même bien accueillante pour le cycliste, l'entreprise doit-elle encore être accessible. Pour les salariés qui habitent loin, le vélo n'est pas souvent le meilleur moyen d'arriver à l'heure. Le train, le bus, éventuellement, et encore

1. http://www.certu-catalogue.fr/comment-encourager-l-usage-du-velo-les-mesures-d-incitations-economiques-dans-differents-pays-europeens.html

faut-il qu'ils acceptent sans rechigner le vélo. Si cela est naturel à Berlin ou à Stuttgart, où presque tous les moyens de transport en commun sont équipés de racks ou de places spécifiques, à Paris, c'est la soupe à la grimace des usagers, même pour une simple trottinette, et, au pire, l'éviction ou l'amende par les agents de la RATP et du Transilien[1]. La culture du transport alternatif a encore du chemin à faire sous les casquettes des contrôleurs de l'agglomération capitale! Y compris dans les gares, où il n'est pas aisé de poster son engin avec l'espoir de le retrouver au retour. Le faire à l'aller, pour enfourcher un vélo en libre-service à destination, voilà pourtant une solution qui tombe sous le sens. À Paris, on en est encore loin. À Amsterdam, pour les banlieusards, c'est une habitude. À Strasbourg, on s'en approche : la part modale du vélo y est de 12 %, et même 22 % dans l'hypercentre.

ROULEZ MOINS VITE, VOUS PERDREZ MOINS DE TEMPS!

Suivant l'exemple de Copenhague, Amsterdam ou Berlin, les grandes villes françaises ont "redistribué leur espace viaire" au profit des TC, de la marche et du vélo. Le vocabulaire des spécialistes a toujours quelque chose d'exotique. Bordeaux a perdu 6 voies sur ses berges, Nantes les a divisées par quatre sur le cours des Cinquante-Otages, Lille les a fait passer de 11 à 4 sur le boulevard Jean-Lebas, Strasbourg a liquidé le parking de 800 places de la Friche de Heyritz pour en faire un immeuble, Lyon a fait coup double avec les 1 600 places qui, avant d'être transformées en 10 ha d'espaces publics, enlaidissaient les berges du Rhône. Une voiture occupe, lorsqu'elle roule, la place de 20 vélos et 70 piétons[2]. Garée, elle empêche 10 bicyclettes

1. Les autorités responsables, respectivement, des transports parisiens, de banlieue et "franciliens" (grande banlieue).
2. Voir chapitre IV.

de stationner. Sur une voie de 10 m de large, deux files de stationnement représentent une privatisation de fait de 40 % de l'espace public. C'est beaucoup, non ?

On gagne donc vite de l'espace en réduisant l'importance du moteur à quatre roues. On en gagne même énormément sur les grands boulevards et les places historiques qui n'ont pas été dessinés pour les autos, mais pour les attelages d'antan, qui avaient besoin d'autant de place qu'un bus pour manœuvrer. Alors, même en coupant à moitié, l'auto peut encore y respirer. Lentement, car, circulant sur des voies moins larges, le chauffeur ralentit. C'est l'effet tunnel : instinctivement, on roule moins vite quand les côtés se rapprochent. C'est bien le mérite des alignements de platanes le long des départementales du Sud de la France. La peur de s'enrouler autour est un puissant pédagogue.

Or il est bien connu qu'à rouler moins vite, on met plus de temps. Et cela finit forcément par bouchonner. Cette idée reçue est des plus tenaces. En zone dense, la fluidité de la circulation est en fait inversement proportionnelle à sa vitesse moyenne. C'est d'ailleurs pour cela qu'on a inventé les feux rouges, les ronds-points, les chicanes, les dos-d'âne, les coussins berlinois (des dos d'éléphant) et les péages. Roulant moins vite, la voiture laisse plus de temps à ses semblables pour emprunter elles aussi la même voie. Ainsi, le débit maximal d'une rue, d'un boulevard, d'une voie rapide a-t-il moins de chance d'être atteint. En fermant un peu le robinet, l'eau coule moins fort, mais le lavabo risque moins de déborder. Au final, on n'a pas perdu de temps.

La circulation automobile, c'est de la mécanique des fluides. Lorsqu'il y a beaucoup de monde, chacun veut aller plus vite que l'autre et se rapproche de la voiture d'en face. La distance de sécurité diminue. Résultat, lorsque les feux rouges s'allument devant lui, le conducteur freine. Celui roulant derrière freine aussi et, de proche en proche, l'onde se propage… jusqu'à provoquer l'arrêt du dernier véhicule. C'est ainsi que se forme un bouchon. Il est toujours lié à une vitesse moyenne qui n'était plus adaptée à la densité du trafic. Un phénomène modélisé en laboratoire, que les gestionnaires d'autoroutes visualisent tous les jours[1]. Et que les agglomérations se félicitent d'avoir imposé à leurs administrés : les bouchons n'ont pas augmenté parce qu'elles ont diminué la vitesse sur les voies d'accès et leurs périphériques. Ce qui les nourrit encore, ces bouchons, c'est l'affluence croissante, liée à l'augmentation du nombre de véhicules, à celle des petits déplacements et surtout à l'ouverture de rocades et autres dégagements. Il n'y a rien de pire qu'ajouter des tuyaux ou élargir les tuyaux existants. Cela crée un appel d'air, un effet d'aubaine. Un effet rebond, une fois encore. Le boulot du plombier est plutôt de poser des robinets. C'est plus efficace. Les bouchons seraient plus gros encore si la vitesse n'avait pas été diminuée. Cette constatation donne des ailes aux élus. Puisque passer de 90 à 70 km/h a donné de bons résultats sur les voies rapides, pourquoi ne pas aller plus loin encore ?

TOUT LE MONDE À 30 ?

Un mouvement citoyen se développe actuellement dans toute l'Europe pour demander l'instauration de 30 km/h comme vitesse limite en ville[2]. Avec un million de signatures, la pétition serait examinée au Parlement de Strasbourg et aurait peut-être des chances d'être transformée en directive. Pourquoi 30 km/h ? Parce que beaucoup de travaux montrent que c'est la vitesse idéale pour concilier trafic automobile et fonctions sociales d'un quartier. Qui plus est, les spécialistes de sécurité routière ont constaté depuis bien longtemps que le piéton percuté à 30 km/h a peu de chances de mourir, alors que la probabilité grimpe à

1. Voir http://www.aprr.fr/fr/actualites/rouler-vert-rouler-moins-vite-pour-gagner-du-temps
2. Voir http://ville30.org et, en France, http://www.fubicy.org/IMG/pdf/Dossier-presse-complet_web.pdf

0,5 à 50 km/h. Et puis, de toute façon, la vitesse moyenne en agglomération reste désespérément bloquée à une quinzaine de kilomètres à l'heure, alors…

D'après ses promoteurs, les 30 km/h ne feraient perdre que 10 % du temps de parcours habituel, parce qu'à cette vitesse l'automobiliste aurait moins à freiner puis à accélérer : on anticipe mieux les obstacles lorsque l'on roule moins vite, c'est indéniable. On navigue à vue sur des axes dont le respect de la priorité à droite est plus facile, qui pour le coup n'ont pas forcément besoin d'être régulés par des feux rouges. La fluidité s'améliore.

Sur le papier, ce projet n'a que des avantages, celui, notamment, de rendre la ville moins bruyante, moins anxiogène pour piétons et cyclistes, moins accidentogène. Pour les gestionnaires de la voirie, il serait même une opportunité, car une auto qui roule à 30 km/h se contente de voies moins larges et de virages plus courbes. C'est comme la plomberie : avec moins de débit, le tuyau peut être moins gros. Alors, banco ! Allons-y pour 30, comme à Graz, en Autriche, à Berlin, Munich, Cologne et Karlsruhe en Allemagne, comme dans les centres-ville de Lorient, Sceaux et Fontenay-aux-Roses en France. La population de Strasbourg, ville exemplaire en matière de transport, a quant à elle refusé par référendum la généralisation des 30 km/h. Celles d'Auray, Angers et Dijon ne seraient pas contre.

Savent-elles qu'elles apposeraient ainsi une signature de plus sur l'acte de condamnation à mort du diesel ? Les motoristes mesurent en effet dans leurs laboratoires que "les émissions [d'oxydes d'azote et de microparticules] sont minimales pour des vitesses proches de 70 km/h alors que, pour les poids lourds, les émissions diminuent avec la vitesse (jusqu'à 90 km/h)[1]". La courbe en cuvette est significative.

1. Service d'études sur les transports, les routes et leurs aménagements (Sétra), *Émissions routières de polluants atmosphériques, courbes et facteurs d'influence*, note d'information, novembre 2009. Disponible sur : http://www.setra.developpement-durable.gouv.fr/IMG/pdf/0958w_NI_EEC_92_Emissions.pdf

Le moteur thermique n'aime pas les petits régimes. Faites l'essai : roulez sur un même parcours à 30 puis à 50 km/h et regardez la jauge d'essence. Vous constaterez que vous aurez consommé plus en roulant moins vite. Embêtant. L'augmentation de la pollution et de la consommation de carburant est une sérieuse contre-indication à l'instauration des villes à 30 km/h. À moins de rouler dans des véhicules plus petits, à essence, hybrides. Hors de prix. Ou dans des voitures électriques réduites à leur plus simple expression, comme les véhicules sans permis ?

LE TRAM, MOYEN DE TRANSPORT OU D'URBANISME ?

La loi de l'emmerdement maximal est un cancer pour tuer les métastases automobiles. On commence par rogner sur le stationnement, on lâche ensuite les vélos, un jour on fait pousser les dos-d'âne, un autre les panneaux "30 km/h". Du coup, puisque les autos ne sont plus si fières, les fragiles piétons et les frêles vélos se risquent plus souvent sur la chaussée, et de mâle alpha, dominateur et sûr de lui, l'automobiliste exaspéré finit par rendre les armes en prenant un ticket de parking. Le stade ultime de l'évolution est atteint lorsqu'il monte dans le bus.

Faire passer un bon gros bus ou un bon vieux tramway reste encore ce qu'il y a de mieux pour transporter au plus vite et à coût moindre le voyageur, et surtout pour désespérer le chauffeur d'un diesel. Car si le métro est plus efficace encore, il passe sous les voitures, qui ne s'en montrent donc pas gênées. L'agglomération parisienne a la plus grande densité au monde de métros et de trains, elle n'en reste pas moins la plus encombrée d'Europe : sur le continent, les plus gros bouchons se situent, chaque matin, à l'entrée est de la capitale. Le réseau de métro parisien a été développé pour ne surtout pas embêter l'automobiliste. Comme partout ailleurs en Europe et aux États-Unis, le tramway, omniprésent jusque dans les années 1950, sauf à Paris, a progressivement été supprimé pour faire plaisir à la voiture particulière et au camion. La ville s'est adaptée en ôtant rails et pavés de ses rues. Le premier choc pétrolier a durant quelque temps atténué les ardeurs des élus. En France, le versement transport a été mis en place pour permettre, *via* une taxe payée par les entreprises, de financer des TC lourds. Des métros ont ainsi pu voir le jour, si l'on ose dire, à Lyon, Marseille, Toulouse et Lille au début des années 1980.

Trop cher, pas adapté à des petites métropoles, le métro n'a pas été la solution choisie, au début des années 1980, par Utrecht (Hollande) en 1984, ni par Nantes (France) l'année d'après : ces villes furent les premières à ressortir de la naphtaline le si ringard et dépassé tramway. Elles ont été copiées depuis par vingt-cinq villes en France, une centaine en Europe. Entre 2000 et 2010, le nombre de cités à tram a doublé dans l'Hexagone, le kilométrage affecté a triplé. En surgissant du passé, en se réinstallant là où la voiture l'avait chassé, le tram a pris une autre dimension. Il n'est plus seulement un moyen de transport, il est avant tout un message, une identité. Celle de la ville qui l'a fait roi après l'avoir réprouvé.

Le tram se voit, et parce qu'il se voit, et parce qu'à travers ses baies vitrées on voit tout, il impose de lui offrir un écrin. Là où il doit passer, il s'agit de "requalifier", de refaire toute la voirie, les façades. Le tramway est avant tout un outil d'urbanisme, d'aménagement du territoire et de marketing touristique. C'est en cela que son coût, faramineux, équivalent à celui d'une ligne de train à grande vitesse, est acceptable. Un tram, c'est avant tout de la politique. Une ligne revient de 13 à 22 millions d'euros du kilomètre. Sauf à Paris, qui ne fait rien comme les autres, dont le tramway continue de se construire en avalant quelque 60 millions d'euros à chaque kilomètre. À ce prix-là, la "plus belle ville du monde" aurait pu s'offrir deux lignes de TGV.

En exploitation, l'affaire se situe entre 6 et 10 €/km. C'est bien moins qu'un métro, mais deux fois plus qu'un "bus à haut niveau de service" (BHNS), entendez un bus en site dédié, une sorte de tramway sans rail, très commun aux États-Unis (sous le sigle BRT, pour Bus Rapid Transit) et en Amérique du Sud, où il a été inventé : c'est à Bogotá et à Curitiba que sont nés ces bus pendulaires (un soufflet) et bipendulaires (deux!) roulant vite sur des voies dédiées. Mais puisque le bus transporte moins de personnes (2 400/h dans un sens contre 4 000/h pour le tramway), en raison de sa plus faible longueur (de 18 m, alors qu'un tramway mesure 33 m en moyenne), de sa vitesse moyenne et de sa fréquence de passage réduites, et de sa durée de vie plus faible (quinze ans, trente ans pour le tram), le coût par voyageur est équivalent à celui d'un tramway, soit une trentaine de centimes. Ce qui n'empêche pas ces moyens lourds, bus "propres" ou tramway, d'être de plus en plus déficitaires. Leur fréquentation a eu beau augmenter de 50 % en quinze ans dans les villes les plus importantes du continent, les coûts d'exploitation n'ont cessé d'enfler, en France, au rythme de 4 à 10 % chaque année. Comme les hôpitaux, les TC sont toujours un gouffre pour les finances publiques.

LA SATURATION, ET APRÈS ?

Après les TER, les Transports en commun en site propre (TCSP) ont tellement de succès qu'ils sont aujourd'hui saturés. C'est criant en France, où la clientèle du tramway a par exemple été multipliée par quatre en dix ans[1]. À Nice, les objectifs les plus optimistes de fréquentation, calculés sur trois ans, ont été atteints six mois après l'inauguration de la première ligne. Ce succès est bien la preuve qu'il existait une forte demande. Qui n'a pu bien souvent faire autrement : pour rentabiliser les coûteux investissements,

1. Beaucoup de notes et d'études du Gart (gart.org) et du Certu (certu.fr) sont consacrées au TCSP, au bus et au tramway en France et à l'étranger.

beaucoup de villes ont reconfiguré leurs lignes de bus de façon à ce qu'elles marquent des arrêts aux stations de tram. Ce "rabattement" forcé a vidé les bus, pour remplir les trams. Au prix d'une thrombose, comme à Strasbourg ou Montpellier, aux stations où tous les tramways et bus se rencontrent (L'Homme-de-Fer dans la capitale alsacienne, la gare Saint-Roch dans celle du Languedoc-Roussillon).

Le développement des TCSP a dans les faits souvent manqué de mise en perspective. Chasser l'auto de la voirie et requalifier l'urbanisme étaient les objectifs principaux. Les gestionnaires des transports (les AOTU) se sont rendu compte que cette stratégie s'était faite aux dépens des autres moyens de TC et du vélo. Le premier client du tram, c'est le cycliste. Pour éviter la concurrence des moyens et la saturation des lignes principales, l'heure est donc aujourd'hui au maillage du réseau. La future ligne 4 du tram de Montpellier va ainsi faire le tour du centre-ville, en croisant toutes les autres lignes. À Nantes, un petit axe reliera les lignes 1 et 2 au nord, entre les universités. L'heure est aussi à la densification. Faire passer plusieurs lignes de bus et de tram par les mêmes endroits est une façon d'accompagner la saturation. Les villes allemandes font cela depuis des années. Lyon le découvre après Lorient, qui est arrivé à faire coexister neuf lignes de bus aux mêmes endroits, dans le centre-ville. Le troisième remède à la saturation est la possibilité de prendre un bus pour rayonner à partir de la station de tram ou de BHNS.

Bref, l'ordonnance pour éviter que le succès des politiques récentes de TC ne se transforme en échec, alors que des voix d'élus s'élèvent de plus en plus dans quelques villes pour surseoir aux projets forcément "pharaoniques" de nouveaux TCSP et redonner de la liberté à l'automobiliste, forcément pauvre et frustré. Cela porte le nom d'intermodalité. De cohérence, aussi. Un bon réseau structurant, comme une ligne de tramway ou de bus en site propre, doit aller de là où l'on vit vers là où l'on travaille en passant par là où l'on consomme. Il doit faire plaisir à toutes les tendances politiques, certes (observez bien le tracé du tramway bordelais, qui respecte magnifiquement la parité gauche/droite et la camaraderie de maires anciens résistants), mais surtout desservir les populations qui en ont le plus besoin, les pauvres et les étudiants. À cet égard, la ligne de tram dijonnaise est exemplaire. Celle du TGB (très grands bus) marseillais également. Desservir des quartiers qui n'existent pas encore, mais qui ont été programmés dans le cadre d'un Scot ou de la construction d'une gare TGV ne nuit pas non plus à la cohérence, atteinte, pour cet aspect, par le tramway de Reims.

Ce n'est pas en désespérant l'automobiliste qu'une municipalité favorise le vélo et la marche. Ce n'est pas non plus parce qu'elle défonce la chaussée pour faire passer un TCSP que les gens vont monter dedans. Ce n'est pas parce qu'elle a opté pour un beau tramway, décoré par un artiste, que les travailleurs vont l'emprunter. Un moyen de transport structurant ne devient la colonne vertébrale d'une agglomération qu'à la condition où depuis chaque vertèbre rayonnent d'autres moyens de transport structurant des aires plus petites. Une ville n'est vraiment débarrassée de son trop-plein de voitures qu'à partir du moment où tout un chacun peut y circuler facilement, par le moyen de son choix. Et, pour parvenir à ce résultat, il faut oublier le génie civil et les jolis schémas : ce qui compte, c'est de se mettre à la place de l'usager.

VIII

CRÉER UNE CULTURE DU TRANSPORT

Le sénateur et président du conseil général de Haute-Saône Yves Krattinger aime la voiture. Depuis Vesoul, où il a son trône, il regarde, l'œil inquiet, l'état de santé de PSA. Sur les 20 000 habitants de l'agglomération, 4 500 travaillent dans le Centre logistique mondial du constructeur moribond. La chute du géant, dans un pays de mono-industrie, n'aiderait pas à son bonheur. Pour lui, la voiture continuera de rouler. Il s'emporte, même, lorsqu'on évoque devant lui la thèse développée dans les chapitres précédents. Pour autant, voilà un homme parfaitement lucide et très novateur sur la meilleure façon de se déplacer, demain. “Il faut en arriver à la mobilité courante”, telle est son idée. “Il faut que toute personne qui a envie d'aller d'un point à un autre puisse avoir l'information suffisante pour qu'elle le fasse avec n'importe quel moyen de transport, un seul ticket, un paiement unique.” Bus, train, car, auto, taxi, vélo, marche, peu importe. L'essentiel est d'avoir le choix, sans passer des heures à compulser des guides horaires ou à se perdre dans l'Internet pour trouver son chemin. Sans payer à chaque fois, en jonglant entre la carte bleue et la petite monnaie. “On a l'eau courante, pourquoi on n'aurait pas la mobilité courante[1] !?” s'étonne le président Krattinger.

1. Entretiens avec l'auteur.

“Mobilité courante”. C’est un joli concept. Une petite révolution. Celle de considérer le transport autrement que par l’infrastructure.

Tirer des lignes de bus, poser des rails, couler du macadam, délimiter une voie cyclable, tout le monde sait faire. Dans les agglomérations de plus de 250 000 habitants, en France, les élus ont troqué le tout-voiture contre le tout-tramway. En région, ils ont développé la maladie du TGV. Chacun veut sa ligne, sa gare, certain que cela offre du retour sur investissement en termes d’emplois et de prestige. Pour autant, ce n’est pas parce que l’offre est là qu’elle crée sa demande. Face à une voiture garée au pied de chez soi, le meilleur des TCSP n’a *a priori* aucun avantage. Le discours sur le coût d’usage commence à être entendu, certes, mais il n’est pas suffisant. Celui sur le confort des TC a encore du mal à l’être. Toutefois, il n’est plus un colloque qui ne parle abondamment de l’information de l’usager, du billet commun, et de choses aussi triviales que la signalétique et sa typographie. Le transport, c’est une culture.

LES ANALPHABÈTES DU TRANSPORT

Aller d’un endroit à l’autre aussi simplement qu’ouvrir le robinet. Il n’y a que la voiture pour permettre de le faire. Tant qu’elle restera le mode de transport pertinent pour n’importe quel trajet, la mobilité courante chère au sénateur Krattinger sentira le gazole. À Paris, le métro l’incarne : on y descend sans même y penser. Monter dans le bus nécessite au contraire un temps de réflexion dès lors qu’on n’emprunte pas sa ligne habituelle. Il faut savoir lire le plan des lignes, puis trouver l’arrêt sur la voirie, sans se tromper de sens. Un regard sur le panneau d’affichage installé au-dessus du chauffeur n’est pas inutile car, si ça se trouve, le bus est en service partiel. Il ne s’arrêtera peut-être pas là où l’on souhaite aller. Quand on envisage de passer le mur d’enceinte de la capitale française, matérialisé depuis quarante ans par le boulevard périphérique construit sur les fortifications du XIXe siècle, la démarche demande encore plus d'attention.

Entre le métro, le RER, le tramway, le train de banlieue et le bus, l'offre est foisonnante. Tout converge vers certaines destinations, comme Versailles, mais se rendre dans le sud de l'Essonne nécessite de s'armer de patience, autant pour trouver le bon itinéraire, les bons horaires, que pour y aller. Et en revenir. Sans être sûr, dans tous les cas, que le ticket acheté suffira. Pour aller à Saint-Denis, par exemple, tout est là, mais selon que l'on prenne le train, le RER, le tramway, le bus ou le métro, le ticket n'est pas toujours le même. Quant à se promener de banlieue à banlieue, c'est un sport d'endurance. Cela se fera de toute manière par Paris, par où tout passe. On n'évite pas Paris. Paris est le centre du monde. Prenons un autre exemple : pour se rendre à Orly en venant de Brunoy, petite ville installée à 20 km de la capitale et à quelques kilomètres à peine de l'aéroport, j'ai le choix entre le RER jusqu'à la capitale, puis un autre, puis un bus (embouteillé aux heures de pointe) ou un métro automatique ; ou bien un RER jusqu'à Villeneuve-Saint-Georges (le non-sens absolu en matière d'urbanisme, mais il faudrait un livre entier pour en parler), puis un autre, puis un bus de banlieue (sordide). C'est long! Une bonne heure, plus que la voiture, qui met la moitié de ce temps, sauf aux heures de pointe. La solution est alors souvent d'embarquer... à Roissy, 50 km à l'opposé, mais accessible par deux RER avec changement sur le même quai, en face, gare du Nord. Une heure, assis.

Lire et comprendre un plan, déterminer combien il faudra de tickets, et lesquels, est la première barrière à l'usage des transports en commun. Observez longuement ce plan du RER C parisien[1]... Il ne dit rien, au premier abord, mais il dit beaucoup de l'esprit torturé des ingénieurs qui se sont, espère-t-on, fait plaisir à pondre une telle horreur. Ce plan nécessite un certain temps d'accoutumance

1. http://www.transilien.com/contents/fr/Docs---PDF/Plans/ligne_Cnet.pdf

pour qu'il dévoile ses mystères. On n'a pas pour autant gagné quand on a enfin pu, au bout du doigt, faire son itinéraire : sur les quais, il faut sans cesse vérifier la "mission" du train pour être sûr de ne pas se tromper. La composition d'un trajet à partir des fiches horaires de bus de grande banlieue fait aussi partie de ces grands moments où l'on doute de son intelligence. Sans aide, c'est impossible de savoir quoi faire.

Pour beaucoup de gens – ils seraient six sur dix en Europe, chiffre sans garantie, riches ou pauvres, cadres ou employés –, lire un plan de transport en commun ou une fiche horaire est une épreuve pénible. C'est comme déplier une carte dépourvue des repères topographiques usuels et de sa légende. Ces personnes ne sont pas plus bêtes que d'autres, simplement elles n'ont pas la capacité d'abstraction suffisante pour voir du réel dans ce qui n'est qu'un assemblage de signaux. Dans l'intéressant magazine *Keo'* du groupe Keolis (lequel fait rouler le tram de Singapour, les transports urbains de l'agglomération de Lille et des bus dans toute la galaxie), le sociologue Éric Le Breton, interrogé sur la question, répond clairement : "L'expansion urbaine a conduit à une fragmentation des territoires de la vie quotidienne. La ville se divise en zones (services, commerces, bureaux, habitat) séparées par des rocades, des espaces verts. La circulation est complexe ; les distances à parcourir sont importantes, et les transports, collectifs et individuels, y sont devenus indispensables. Aujourd'hui, un Français sur cinq en est exclu. Et pas uniquement pour des raisons économiques ou d'ordre physique ! Être mobile nécessite des compétences : la maîtrise de la langue, la capacité à s'approprier un espace urbain qui n'est pas le sien ; bref, être en phase avec les codes d'organisation et les normes d'une grande ville. C'est une question d'acculturation, d'habitudes[1]."

1. Interview avec David Le Breton dans *Keo'*, novembre 2010. Disponible sur : http://www.keolis.com/fileadmin/documents/medias/publications/keo/keo1011.pdf

DE BEAUX PANNEAUX ET DES HOMMES

L'accès à la culture n'est pas seulement affaire d'argent, c'est surtout un problème… culturel. On ne pousse pas la porte d'une librairie parce que le livre est cher, mais parce que la librairie représente un monde qui nous est étranger, obscur, abstrait, intimidant. Il en est de même pour les transports. Cette agression par la forme de l'information se ressent plus encore dans les gares et les aéroports. La signalétique est parfois si peu lisible, si peu logique pour un esprit normal habitué aux efficaces panneaux de signalisation routière, que l'on peut se perdre, chercher son quai, son terminal, en tournant en rond. Encore un exemple parisien : se rendre de la gare du Nord à la gare de l'Est ne prend que cinq à dix minutes à pied, mais lorsqu'on sort du métro ou du RER, et que l'on n'est pas habitué, il est bien difficile de trouver la bonne flèche, noyée parmi d'autres. Alors les touristes perdent leur temps à chercher un métro ou, le plus souvent, ils prennent le taxi. Pour deux minutes.

Profitant de sa réfection, la gare de Lyon a quant à elle revu sa signalétique en l'air comme au sol (mettre des traces nous parle, car nous sommes toujours des mammifères chasseurs). Et l'on ne se perd plus entre le Hall 1 et le Hall 2, où, miracle, de la lumière a été amenée. Un site et une application pour smartphone permettent de visualiser la gare, les horaires, comment y aller et en ressortir[1]… Cela dit, une signalétique efficace, avec des gros caractères sombres sur fond clair, des parcours de couleur au sol, des plans lisibles et une info sur l'attente en temps réel affichée clairement dans les stations, cela ne suffit pas non plus.

Juste une minute de réflexion. L'être humain reste ce qui se fait de mieux sur le marché pour guider, renseigner, accompagner. Un homme, une femme, ça informe, ça accueille, ça sécurise, ça assure, ça incarne le TC ! Enfin, si cet être est bien, vivant, c'est-à-dire pas planqué assis

1. Voir http://www.gares-en-mouvement.com/fr/

à l'abri dans une guérite climatisée, protégée de l'encombrant usager par des vitres blindées ; à qui l'on peut s'adresser directement, sans passer par un micro ; un être qui sait répondre sans avoir à compulser des grimoires. Un bipède, un simple bipède en uniforme dont le sourire est en soi une information et la présence la première étape du voyage… Le transport en commun, c'est d'abord une pédagogie, ensuite un accompagnement constant. En France, la SNCF a redécouvert cette évidence dans ses plus grandes gares. Les "informateurs" en gilet rouge aident, tout simplement. Les contrôleurs ont cette fonction. La RATP et le Transilien ont au contraire dressé un mur invisible entre eux et l'usager. La présence humaine se résume à des agents tristes, planqués derrière des vitres, dont le rôle est de dire qu'ils ne peuvent plus vendre de tickets, tâche confiée à des bornes informatiques à l'usage compliqué dès lors qu'on sort de l'ordinaire pour lequel elles sont programmées. Quant aux contrôleurs, ils ont peur et le montrent bien par la froideur agressive de leur façon de communiquer.

L'INFO EST DANS LE SMART

La mobilité courante du sénateur Krattinger, c'est avant tout rendre lisible l'offre des transports alternatifs à la voiture. L'accessibilité, ce n'est pas que des ascenseurs, des planchers surbaissés, des alertes sonores, des cheminements rugueux au sol pour les handicapés de toute sorte. L'Internet et les smartphones l'ont considérablement accrue là ils ont été utilisés intelligemment. Les chemins de fer helvètes ont compris cela il y a des années. Leur site et leur application pour téléphones sont, dans tous les colloques internationaux, cités en exemple. Faites l'essai : on ne voit pas ce qui peut manquer à l'édification du client[1]. Il est même plus précis et fiable sur les trains français que

1. Voir www.cff.ch

le site spécifique de la SNCF[1]! Les régies qui s'occupent des transports dans la région parisienne, la RATP et Transilien, ont développé des moteurs de calcul d'itinéraires sur ordinateur, tablette et téléphone qui se substituent aux plans abscons. Beaucoup d'agglomérations françaises ont suivi l'exemple. Mais s'il est aujourd'hui possible d'être guidé en temps réel par une application dans la région parisienne, c'est parce qu'une seule autorité chapeaute l'ensemble de l'offre de transports publics. Le Syndicat des transports d'Île-de-France, le Stif, regroupe toutes les AOTU de la région. Cela facilite la mise en commun des informations, leur présentation sous le même format et leur mise à disposition au public. Or les syndicats sont rares en France, là où ils sont majoritaires en Allemagne.

La région Champagne-Ardenne, située à l'est de la région parisienne sur les anciens champs de bataille de la Première Guerre mondiale, a poussé le bouchon un peu plus loin. Sur son site Vitici, elle permet au voyageur d'obtenir, quel que soit son itinéraire, une réponse sous forme de bus, de train, de voiture partagée, de vélo à louer ou de taxi[2]. Le département de l'Oise, au nord de Paris, est plus précis encore : primée en Europe et dans le monde, son "offre globale de mobilité" (le Sismo, pour Système intégré des services à la mobilité dans l'Oise) sait dire lorsqu'elle n'a pas trouvé de solution et propose des alternatives, en n'oubliant pas les tarifs[3]. Information en temps réel des voyageurs par tous médias, billettique "intermodale", centrale de covoiturage, centrale de taxis, tout y est, ou presque. Manque le remplacement du ticket par une carte à puce et, plus tard, le ticket virtuel, dans le téléphone portable. On y arrive, assurent les responsables. Nantes l'a fait avec

1. Voir http://www.voyages-sncf.com. À télécharger, l'indispensable application pour smartphone SNCF direct, qui donne en temps réel – mais avec un temps de retard sur les panneaux d'affichage – les heures d'arrivée et de départ des trains, et surtout leurs quais…
2. Voir http://www.vitici.fr
3. Voir http://www.oise-mobilite.fr

son "M-ticket[1]". Un seul ticket pour tous ses trajets, quel que soit le mode, l'entreprise, sans même passer par le guichet automatique. Un ticket acheté sur Internet ou depuis son téléphone. Une belle idée, très difficile à mettre en place, parce qu'il est compliqué de calculer le partage des coûts de sa mise en œuvre et celui de la repartie des revenus dégagés. Mais elle semble être dans l'air du temps des organisateurs des transports. La SNCF a commencé à la déployer sur ses grandes lignes : payer avec un portable, c'est pratique, si l'on n'a pas oublié de le recharger !

L'information en temps réel est la voie royale pour dédramatiser l'usage des transports autres que la si évidente voiture personnelle. Encore faut-il pouvoir la recevoir et la comprendre. Le tout-numérique n'améliorera pas la compréhension des analphabètes des transports, il pourrait même l'aggraver : les personnes ayant du mal à se repérer dans une gare ou un plan de TC sont souvent les mêmes que celles qui ont des sueurs lorsqu'elles doivent acheter leurs billets sur une borne. Ce sont souvent les mêmes qui peinent à utiliser Internet. Le remède sera pire que le mal si des agents ne sont pas là pour faciliter, expliquer, permettre l'accès de chacun à l'outil numérique.

En France, un site réunit tous ces Systèmes d'information multimodale (Sim[2]). Un document de la Fédération nationale des usagers des transports (Fnaut) en indique les plus et les moins[3]. Cette info immédiate, au bénéfice de l'usager, n'est pas plus facile à mettre en œuvre que le billet universel. Comme le rappelle le Centre d'analyses stratégiques (CAS) dans un rapport déjà cité, "les données publiques disponibles dans les services d'information multimodale [Sim] sont encore partielles : elles ne couvrent que certains territoires ou certains réseaux et fonctionnent

---

1. Voir http://www.tan.fr
2. Voir http://www.passim.info
3. Fnaut, "Information multimodale et billettique : les attentes de la Fnaut", avril 2011. Disponible sur : http://www.fnaut.fr/actualite/etudes-et-debats/206-information-multimodale-et-billettique

rarement en temps réel. Surtout, elles ne sont en général pas réutilisables par des opérateurs qui proposeraient des services complémentaires répondant à des besoins spécifiques", sauf exceptions comme Rennes-Métropole, précise le CAS[1].

LES USAGERS PARLENT AUX USAGERS

Pour que temps réel il y ait, il faut que les moyens de transport communiquent… en temps réel. Qu'ils soient équipés de GPS. Enfin, toutes ces informations doivent être agrégées, intégrées, présentées de la même façon et enrichies régulièrement. Des opérateurs privés, tels que TomTom, réussissent cela chaque minute. Les cartes, les calculs d'itinéraire, les informations sur le trafic routier, la météo et la position des radars sont réactualisés en continu grâce aux informations récupérées à la source, depuis des sites spécifiques, mais aussi à partir des téléphones portables des automobilistes eux-mêmes, sans qu'ils le sachent (le nombre de connexions au réseau mobile, rapporté à une unité de surface, est une indication très fiable de la présence d'un ralentissement[2]), et au moyen des contenus envoyés par les clients sur un site dédié : s'appuyant sur la mise en commun de sources d'information diverses, ce *crowdsourcing* (l'info nourrie par les "gens"), participatif et coopératif, TomTom pourrait en plus, demain, relier par ses modèles informatiques les algorithmes de calculs d'itinéraires et de tarifications des Sim des territoires traversés, et ainsi délivrer à l'automobiliste et au possesseur de smartphone une information multimodale précise, sans cesse améliorée. Ne manquera plus que l'ajout des services publics et des commerces les plus proches, avec

1. Rapport du CAS, doc. cité.
2. Voir cette étonnante étude sur les embouteillages en Europe conduite par Tom-tom : http://www.tomtom.com/lib/doc/congestionindex/2013-0322-TomTom-CongestionIndex-2012-Annual-EUR-km.pdf

leurs coordonnées et leurs horaires, pour que l'information soit complète.

Bien que imparfaits, les sites de calculs d'itinéraires tels que Google-Maps et Mappy sont déjà d'excellentes aides à la mobilité. Ils sont l'avant-garde de ce que sera demain le marché de l'information sur la mobilité. Cela interroge en haut lieu, en France : "Ce décalage entre la capacité d'innovation des opérateurs commerciaux et la lenteur de mise en mouvement des autorités publiques en matière de services d'information pourrait créer une situation – inédite en France – où, faute de service public performant, les usagers du transport se connecteraient massivement à des services d'information privés. Eux-mêmes y contribuent *via* le processus de *crowdsourcing*, avec les dérives éventuelles que cela implique en cas de perturbations importantes (saturation du système, informations erronées, etc.)[1]."

Ils ont raison. En France, la société Isokron propose un site et une application réunissant à la fois les classiques moteurs de calculs d'itinéraires et de temps pour les TC de Paris et de Rennes, et les *twitts* échangés par les usagers[2]. Aux États-Unis, où la recherche scientifique a produit trois indicateurs précis – le PEDS (Pedestrian Environment Data Scan[3]), le Spaces (Systematic Pedestrian and Cycling Environmental Scan[4]) et l'IMI (Irvine-Minnesota Inventory to Measure Built Environments[5]),

1. Rapport du CAS, *Les Nouvelles Mobilités dans les territoires périurbains et ruraux*, février 2012. Disponible sur : http://www.strategie.gouv.fr/content/rapport-les-nouvelles-mobilites-dans-les-territoires-periurbains-et-ruraux
2. http://www.isokron.com. http://locomote.to. Voir également leurs cartes isochrones indiquant l'aire de Paris accessible par métro en moins de 15, 20 ou 30 min : http://old.isokron.com. Début juillet 2013, les "Apps" n'étaient disponibles que sur l'AppStore américain (http://itunes.apple.com/us/app/locomote/id419227785)
3. Voir http://kellyjclifton.com/products/peds/
4. Voir http://www.activelivingresearch.org/node/10617
5. Voir http://www.ajpmonline.org/article/S0749-3797(05)00428-9/abstract

à partir d'une centaine d'indicateurs – ce *crowdsourcing* est poussé plus avant, avec cette entreprise privée qui a créé une extraordinaire "plate-forme de mobilité" dédiée à la marche. Walk Score[1], service collaboratif, calcule le degré de "marchabilité" de 2 500 villes américaines selon l'adaptation au piéton de la voirie, la densité de services et de commerces et l'accessibilité aux TC, et le montre en couleur (du vert au rouge) sur des cartes précises. Une dizaine de milliers d'agences immobilières l'utilisent pour conseiller utilement leurs clients sur la réalité des coûts de leurs futurs investissements. Avec cet autre site dévoué au calcul du coût résidentiel, les Américains ne devraient plus se surendetter pour un logement isolé[2]. En Grande-Bretagne, Walkonomics calcule un semblable degré de marchabilité en fonction de critères physiques (pente, propreté…) et esthétiques[3]. Des services publics spontanément apparus dans la sphère privée avec l'aide des premiers concernés, les piétons.

PARTAGER SON AUTO

Indispensables, les "services numériques à la mobilité". Indispensable qu'ils soient fédérés, formalisés, normés par une autorité incontestable sous le contrôle des pouvoirs publics. Indispensable qu'ils intègrent le partage de la voiture et le transport à la demande.

Possédée, la voiture est un gouffre financier. Occupée en moyenne par 1,1 à 1,2 personne, en Europe, elle est un puits sans fond énergétique, d'où sort une montagne de CO_2. Comme le rappelle le sénateur Krattinger, "il suffirait d'augmenter le taux de remplissage de 10 %" pour supprimer, en théorie, la totalité des encombrements en

1. Voir http://www.walkscore.com
2. Voir chapitre VI.
3. Voir http://www.walkonomics.com/w/. Voir également, pour Paris, la note p. 183.

France[1]. Avec plus d'occupants dans sa voiture pour faire les mêmes trajets, le propriétaire consomme moins d'essence, d'argent, émet moins de CO_2 et de polluants par personne transportée et kilomètre parcouru. La massification appliquée au véhicule personnel, c'est une évidence pour les industriels de la logistique. Le colis d'un kilo transporté sur plusieurs centaines de kilomètres dans un semi-remorque plein comme un œuf n'envoie qu'un petit dixième de gramme de CO_2 dans l'atmosphère. Retourné vers le service après-vente par le client au moyen d'une camionnette sur quelques dizaines de kilomètres, il expirera un bon gramme. Une dizaine de fois plus. Emplissons donc nos voitures. Nous y aurons moins de chances de nous empiler dans un embouteillage, si tout le monde s'y met ; nous ferons des économies (d'essence, car notre propre voiture restera à entretenir et à amortir) ; la planète nous fera le sourire d'un ciel bleu chaque matin ; et nous irons au travail en convivialité, ce qui, en plus, réduira notre risque d'accident car, c'est bien connu, le chauffeur fait plus attention lorsqu'il transporte des invités.

Le covoiturage est d'une simplicité enfantine. À tour de rôle, chacun prend sa voiture et va chercher ou attend les collègues. Ou bien c'est toujours la même auto, et les "partageurs" paient de quoi rembourser l'essence et quelques frais d'entretien. Tous les étudiants font cela. On enfonce les portes ouvertes fermées par l'obnubilation automobile. Mais on peut aller plus loin, beaucoup plus loin, en se rendant disponible pour n'importe qui. L'automobiliste partageur s'inscrit sur un site dédié, il indique où il va, quand, à quelle heure, par quelle(s) étape(s), il est contacté par des personnes intéressées, et tout le monde se met d'accord. Le covoiturage sur Internet, c'est l'autostop organisé depuis n'importe où, ou bien sur des parkings surveillés, comme les conseils généraux les multiplient en France. Les femmes ont besoin d'être rassurées sur l'identité des passagers. Spontanément, lors de concerts, de spectacles importants, des sites sont montés pour

1. Entretien avec l'auteur.

permettre aux habitants éloignés de se transporter à plusieurs afin d'éviter le retard[1].

Des sites sont allés plus loin en reliant les partageurs grâce au smartphone. En Isère par exemple, sur éCovoiturage[2], site du conseil général, l'"écovoitureur" se signale en tapotant sur son téléphone son point de départ, son point d'arrivée et le nombre de personnes qu'il peut embarquer. La géolocalisation permet d'envoyer l'info à la fois aux autres "écovoitureurs" qui ont émis le désir de voyager dans le même sens, et à ceux, qui, demeurant dans le coin, pourraient être intéressés. En retour, le GPS dit au conducteur les détours qu'il devra peut-être faire en fonction des points de départ et d'arrivée des intéressés. Il choisit alors qui il prend en charge. Le site lui calcule l'itinéraire vers la personne, laquelle est identifiée par un code généré pour ce seul trajet. La main sur la portière, le ou la cliente devra afficher le même code pour avoir le droit de monter. Entre-temps, éCovoiturage aura réglé la petite note directement sur le porte-monnaie électronique du chauffeur. Avego[3], un site privé participatif américain, y avait pensé avant. Mais, comme le site public français, son efficience dépend de la participation réelle des covoitureurs : il faut une masse critique, un effet de seuil, pour que cette plate-forme de mobilité soit fiable et rapporte plus qu'elle ne coûte.

L'autopartage est une autre façon, plus formelle, de se retrouver dans le même véhicule. En soi, c'est du taxi ou de la location. On prend une voiture qui appartient à quelqu'un qu'on ne connaît pas forcément. On la conduit, on revient, et l'on paie uniquement pour le trajet, par tranche d'une heure. La pédagogie est au rendez-vous : puisqu'on paie pour ce que l'on utilise, on mesure immédiatement le coût de la voiture, et, comme par enchantement, les clients réfléchissent avant d'agir. Le système est

1. Voir par exemple http://www.covoiturage-grandlyon.com
2. http://www.ecovoiturage.itinisere.fr
3. http://www.avego.com

plus souple que la location classique, qui impose un kilométrage (250 km) et une durée (la journée). À qui appartiennent les véhicules ? À des sociétés spécialisées, souvent coopératives, fédérées en France par France Autopartage[1], aux géants de la location, qui se mettent gentiment à proposer des véhicules en location à l'heure, mais aussi à des particuliers qui, *via* certains sites (par exemple Buzzcar, CityzenCar, Voiturelib…), peuvent proposer leur chez-soi. Il y a même des taxis qui se proposent pour mieux se remplir, *via* des sites tels que Cityzencab, en France[2], et le réseau géant des taxis G7[3]. Pour l'instant à destination et au retour des aéroports. Il existe aussi un gisement, totalement inexploité, dans les flottes d'entreprises publiques et privées. Les véhicules de fonction sont en effet inutilisés le soir, le week-end et les jours fériés. Pourquoi ne pas les mettre à disposition ? L'idée fait son chemin, comme elle l'a déjà fait en Allemagne et en Suisse.

GOÛTER À L'USAGE, C'EST PERDRE L'INSTINCT DE PROPRIÉTÉ

Autopartage et covoiturage sont encore peu connus. C'est bien pourquoi ils sont peu utilisés. Ils font peur, également, comme les transports publics. Car avec qui vais-je me retrouver ? Qu'est-ce que j'aurai bien à leur raconter ? Et si le conducteur est un fou du volant ? Nul n'a envie, au petit matin, entre la dispute conjugale et la première réunion de la journée, de se retrouver coincé sur la banquette arrière entre des pénibles. Pas plus d'ailleurs que de cohabiter avec des dizaines de personnes dans un train de banlieue sale, malodorant et bondé. La voiture est décidément un concurrent difficile à déloger, car on y est toujours bien. Néanmoins, l'autopartage semble progresser. Une étude

1. Voir http://www.franceautopartage.com
2. http://www.cityzencab.com
3. http://www.wecab.com/fr

conduite conjointement par France Autopartage et le cabinet 6T, pour le compte de l'Ademe, a révélé des choses intéressantes[1].

Tout d'abord, la motivation principale n'est pas l'environnement, mais l'argent. On s'en serait douté. C'est ensuite la contrainte du stationnement. Les trois quarts des personnes ayant répondu aux sondages sont des urbains, et même des centres-urbains, possesseurs d'une voiture mais surtout utilisateurs des transports en commun. Ils se mettent à l'autopartage non parce que Dieu leur a parlé dans leur sommeil mais, pour un tiers d'entre eux, parce que leur auto est devenue trop vieille. Du coup, beaucoup y renoncent après avoir connu les joies de l'autopartage. S'il y a trois quarts de possesseurs avant, il y a trois quarts de sans-voiture personnelle après l'adhésion… Il y a aussi presque moitié moins de kilomètres parcourus, voire 77 % chez les ménages qui se séparent de leur unique véhicule. Et une utilisation accrue des autres moyens de transport : "Suite à leur adhésion à l'autopartage, les répondants utilisent davantage la marche (31 % des répondants), le vélo (30 %), les transports collectifs (25 %) et le train (25 %)[2]".

Faire le pas de l'autopartage ou du covoiturage, c'est en définitive mettre un pied dans le bus. C'est se préparer au report modal. Et puis, comme le souligne la sociologue Stéphanie Vincent dans sa thèse de doctorat sur les "altermobilités[3]", le système s'autoalimente : "Entraînant chacun des coéquipiers dans une dette réciproque, le covoiturage avec l'alternance des véhicules ou compensation symbolique engage nécessairement la pratique vers l'avenir, contribuant

1. Voir "Enquête nationale sur l'autopartage : l'autopartage comme déclencheur d'une mobilité alternative à la voiture particulière", janvier 2013. Disponible sur : http://6t.fr/download/ENA_RF_130321.pdf
2. *Ibid.*
3. Stéphanie Vincent, "*Les Altermobilités " : analyse sociologique d'usages de déplacements alternatifs à la voiture individuelle. Des pratiques en émergence ?*, université de Paris-5 René-Descartes, avril 2008. Disponible sur : http://tel.archives-ouvertes.fr/docs/00/33/16/59/PDF/theseSVINCENT.pdf

ainsi à sa longévité." Elle constate, comme l'enquête de 6T, mais en l'affirmant dans son vocabulaire, que la motivation vient "d'un changement [dans la vie] remettant en cause l'équilibre du système de contraintes [distance, horaires, enchaînement des activités sur le trajet, coût, etc.]... qui créent les conditions propices à une recomposition des habitudes de déplacement sur le trajet domicile-travail". Recomposition, précise-t-elle, s'il y a prédisposition : on ne change que si l'on y est prêt, même si on ne le sait pas au préalable. La conscience environnementale, si elle n'est en aucun cas un facteur déclencheur, peut alors aider, et joue ensuite "un rôle de justification aux nouvelles habitudes adoptées et participe de leur pérennisation".

Le potentiel de l'autopartage et du covoiturage est considérable pour la bonne et simple raison que la quasi-totalité des véhicules particuliers ne roule pratiquement jamais. Dès l'instant où la société n'aura plus de défiance vis-à-vis de cette insulte à la propriété et à l'individualisme qu'est le partage, la location et le paiement à l'usage, tout le monde s'y mettra, ne serait-ce que pour optimiser, rentabiliser, amortir plus vite le véhicule personnel. La hausse des prix des carburants, la crise économique et les limitations faites à la circulation en ville, en particulier les diesels, sont en train d'accélérer ce bouleversement des habitudes. Les taxis n'ont qu'à bien se tenir. Et ce sera bien fait pour eux. Z'ont qu'à moins râler. Tiens, allez, en France, libéraliser les taxis, voilà une idée pas mauvaise du tout pour rendre encore moins pertinente la voiture personnelle.

L'ALTERMOBILITÉ CONTRE LE DÉSERT

Passer de la propriété à la location, de l'usage unique à l'usage partagé, est aussi une bonne idée pour les aires urbaines les moins denses. Le désert guette en périphérie des agglomérations. Comme le gaz, le bus ne se risque plus. Pas assez de monde aux arrêts. Des bus et des cars vides, c'est du gâchis d'énergie, une aubaine pour le CO_2. Les comptes des collectivités s'en ressentent et, les unes après les autres, les lignes sont fermées, faute de rentabilité. La population râle, mais qu'y faire? Déjà qu'elle n'a plus de poste, de médecins, de magasins, et il paraît que le boucher va prendre sa retraite... Repenser complètement les transports en commun en périurbanité et à la campagne est une nécessité : les moyens lourds tels que bus et autocars devraient être réservés aux voies principales, pour desservir les centres nerveux des bassins de vie, gares, centres commerciaux, services publics, cinéma. Aux arrêts, l'on devrait pouvoir se garer, qui sa voiture, sa moto, son vélo. Surtout, c'est aux arrêts que l'on devrait pouvoir donner rendez-vous à un covoitureur, à un autopartageur, à un taxi, à un minibus.

Ces façons alternatives de se déplacer sont indispensables en zones peu denses, même si celles-ci n'y songent pas encore. Fédérant des taxis et des sociétés de transport de petit calibre, des collectivités ont ici et là développé le "transport à la demande" (TAD). La personne qui souhaite se rendre à la sous-préfecture ou faire ses courses se signale sur un site ou auprès d'une plate-forme dédiée, et on lui dit quand, à quelle heure et où on passera la prendre en fonction du taux de remplissage[1]. L'autopartage et le covoiturage rendront cette solution encore plus performante en démultipliant l'offre en véhicules.

Ces nouvelles façons de se déplacer remplaceront les bus et les trains qui ne servent aujourd'hui à rien. Elles combleront les vides, assurant à chacun la possibilité de se transporter n'importe où, mais pas n'importe quand. Associées au développement du télétravail (toujours marginal en France, où la religion du salariat empêche le travailleur d'imaginer rester chez lui, isolé de son patron qui risque de l'oublier, alors qu'en fait celui-ci ne pense qu'à lui, en train de ne rien faire puisqu'il ne l'a pas sous le nez), à la création de "télécentres" (le *coworking*, à savoir des bureaux partagés entre plusieurs télétravailleurs, pour qu'ils ne perdent

1. Voir par exemple ce site du département de l'Allier : http://www.allier.fr/1634-transport-a-la-demande.htm

pas l'habitude de la machine à café), à la multiplication de centres de services publics (dans le Lot et en Bretagne, comme en Suisse et dans nombre de pays d'Europe du Nord, on trouve beaucoup d'épiceries-banque-poste-dépôt de colis) et de dispensaires, à l'aide financière aux artisans de bouche pour qu'ils visitent les villages isolés en camionnette, à la massification de la livraison des produits achetés par l'e-commerce (on livre quand le camion peut optimiser sa tournée, pas forcément dès le lendemain de la commande) ; avec tout cela et bien d'autres idées, covoiturage, autopartage et transport à la demande ont toutes les chances de repousser la désertification terrifiante de beaucoup de régions périurbaines et rurales.

Encore faut-il organiser l'ensemble… car, plus encore que dans les zones denses, les moyens de transport, individuels et collectifs, ne seront jamais, dès demain, que les maillons d'un enchevêtrement de chaînes de mobilité piloté en temps réel par un système d'information multimodal dialoguant en permanence avec chaque usager. La logistique sait faire cela depuis des lustres. Un système souple, adaptatif, répondant aux demandes spécifiques de territoires différents, de personnes aux besoins particuliers, dirigé par une seule et unique autorité. Accessible par le numérique et, pour les analphabètes de la chose (très nombreux, notamment parmi les personnes âgées, et tout simplement parce que le contact humain, ce n'est quand même pas si mal), accessible également depuis des "maisons de mobilité", comme il s'en développe des centaines en Europe, à Grenoble par exemple[1].

LA PRISE ÉLECTRIQUE, LES GARES DANS LES BETTERAVES ET LES AUTOCARS

Le couteau sous la gorge, la seringue chargée de choléra menaçant son artère fémorale, ses pieds baignant dans une

1. Voir http://www.tisseo.fr/se-deplacer/ecomobilite/maison-mobilite

bassine pleine d'eau reliée à la prise électrique, l'automobiliste pourrait accepter d'effleurer l'idée d'emprunter le réseau de transports en commun. Mais il préférera l'exécution plutôt que de perdre en qualité. Et, souvent, il aura raison : le manque de confort est frappant dans les transports en commun français.

Les bancs terribles des gares TGV nouvelle génération sont certes équipés de prises de courant, mais ils font plus mal au dos qu'une soudure des lombaires. Au bout d'une demi-heure il faut se lever pour cesser de souffrir, car s'allonger, il n'y faut point penser : ces bancs de torture ont été justement conçus pour interdire la sieste au clochard, à l'étudiant, au cadre fatigué et au simple lecteur souhaitant dormir sous son livre. Des prises ? Alors que dans les autocars québécois il y en a à chaque rangée de sièges, avec la place suffisante pour ouvrir son ordinateur portable, les cars français en sont dépourvus. Cela ne servirait d'ailleurs à rien, car l'espace entre les fauteuils permet juste de plier les genoux de façon à ce que le nez puisse se poser dessus. On n'y peut pas manger, parce que le chauffeur n'a pas envie de passer trop de temps pour faire le ménage après son service. La faible largeur du couloir et l'amplification des cahots et des virages par la hauteur du véhicule interdisent aussi de se tenir debout et de marcher pour se détendre un tantinet. Pas de toilettes, évidemment. Quant au bien-être des gares routières, il vaut mieux résister à l'envie d'en parler. Malgré tout, grâce à la volonté d'élus qui ont un jour pris le risque insensé d'y monter, des améliorations ont été apportées, notamment en Franche-Comté, dont le réseau de cars est un des plus confortables de l'Hexagone.

Or il serait urgent de le rendre simplement pratique, car le système autocariste est appelé à se développer à mesure que la SNCF ferme des lignes et des gares subalternes pour pousser ses clients à emprunter son produit d'appel, le TGV. Sur sa dernière ligne est, Paris-Strasbourg, c'est caricatural. Le lecteur qui, logeant à Bar-le-Duc, a déjà pris l'interminable car sur la triste Voie sacrée pour monter dans le train à Meuse-TGV, sorte de cabane de pêcheur posée sur les remblais, en plein vent, dominant des champs qui furent de bataille, le lecteur, donc, sait cela mieux que personne. À vouloir concurrencer l'avion, la SNCF s'essouffle, qui construit des gares comme on bâtit des aéroports, à l'extérieur des centres-ville compliqués et pour accueillir des trains sans escale ; cela montre aussi la mégalomanie d'élus voulant "leur gare" pour attirer entreprises, commerces et touristes.

Implantées dans un champ comme de vulgaires centres commerciaux, ces gares, dépourvues des services qui font la vie des arrêts de centres-ville (dans ces gares joyeuses comme des terminaux aériens, où sont les buffets ? les petits commerces ? les endroits où flâner ?), réitèrent la folie périurbaine contre laquelle le tout-TGV prétend lutter en promettant de faciliter les échanges entre métropoles. Folie qui, en certaines gares comme Aix-en-Provence-TGV, Franche-Comté-TGV ou Picardie-TGV, fait perdre en temps d'accès le temps gagné par la vitesse. Folie qui fait aussi perdre de la terre agricole pour rien, car l'urbanisation ne vient que rarement, et la gare extra-urbanisée reste désespérément seule face au vent, emmitouflée dans ses parkings géants[1]. Contrairement à Champagne-Ardenne-TGV, la plupart de ces gares sont en effet dépourvues de connexions avec le réseau TER (trains express régionaux). On ne peut donc s'y rendre et en sortir qu'à l'aide d'autocars… ou en voiture. Les parkings pleins du matin au soir sont la preuve que le "report modal" du train vers le car ne se fait pas. Les chiffres varient selon l'interlocuteur, mais il semblerait qu'un tiers à la moitié des usagers du train opte pour l'auto s'il sait ne pouvoir continuer son voyage qu'en autocar ou en navette. À Aix-en-Provence-TGV, les navettes sont là, bondées, prêtes aux bouchons, mais il y a surtout un parking de 2 200 places, une extension est en cours de construction, et des voitures sont toujours

1. Lire la passionnante étude de la Fnaut sur le sujet : http://www.fnaut.fr/images/docs/dossiers/db08garestgvextra.pdf

garées sur les bords de la bretelle d'accès depuis la D9, elle-même bretelle d'accès depuis l'autoroute A8 menant à ou venant d'Aix-centre… L'effet rebond, sans cesse, prend des visages nouveaux.

Inconfortable, le car est un repoussoir. Lorsqu'un train tombe en panne et qu'il est proposé pour le remplacer, beaucoup d'usagers préfèrent attendre que ça reparte. On se demande parfois pourquoi. Car les trains français, y compris le prestigieux TGV, ne permettent pas toujours d'y travailler convenablement, à part en première classe. La SNCF a mis une vingtaine d'années à comprendre que le temps de transport n'était pas un obstacle à ce "report modal" dès lors qu'il pouvait être utilisé utilement : les plus récentes rames de seconde classe sont enfin équipées de prises de courant. Ouf! Une heure dans un transport public n'est pas perdue si l'on y peut téléphoner et déployer son ordinateur. Or, mis à part dans les TER, financés par les régions, conçus pour les trajets domicile-travail quotidien, il est difficile de se sentir chez soi ou au bureau, comme dans sa voiture, dans un RER ou un train Intercités. C'est pourtant à ces détails fondamentaux que les automobilistes peuvent un jour décider de se garer. Détails qui n'ont pas échappé à des élus qui revendiquent aujourd'hui un arrêt du tout-TGV pour privilégier le train commun porté à 200 km/h là où c'est possible. Pourquoi dépenser des milliards pour gagner un temps que l'on ne perd pas grâce aux outils de communication et au confort? "Cinq ans après l'ouverture de la LGV est-européenne, nous constatons que le passage de 300 km/h à 320 km/h augmente de 10 % le coût de la maintenance. Les cinq minutes gagnées à terme sur l'ensemble du parcours Paris-Strasbourg valent-elles les 6 000 à 8 000 € par kilomètre de surcoût annuel de maintenance qu'elles engendrent? L'effet vitrine de cette ligne pour notre industrie ferroviaire est-il si important[1] ?" Voilà les bonnes questions que s'est posées

1. Voir http://www.mobilicites.com/admin/document/2013_04_22__1_rapport_jacques_auxiette_basse_def.pdf

le président de la région Jacques Auxiette dans un rapport remis au Premier ministre en avril 2013.

LA GRATUITÉ, POUR QUI… POUR QUOI ?

Surtout si c'est gratuit. Après tout, si on ne paie plus, en comparaison le coût de l'auto devient immédiatement considérable, et l'on monte dans le bus comme, avant, on s'asseyait dans la voiture familiale pour un oui pour un non. "La gratuité est une affirmation de la souveraineté populaire sur l'usage des moyens publics", brandissent Magali Giovannangeli, présidente de la communauté d'agglomération du pays d'Aubagne et de l'Étoile, et Jean-Louis Sagot-Duvauroux, philosophe, dans leur livre enthousiasmant consacré à l'expérience de la gratuité totale des transports publics à Aubagne[1].

Pour "saisir le capitalisme par la queue", les élus locaux ont décidé de permettre à tout le monde de monter dans les bus sans bourse délier. La fréquentation a explosé, et la population n'imagine plus payer le moindre ticket. Un attachement non point pécuniaire, mais "sentimental", estiment les auteurs. Sans doute aussi électoral. Un maire inscrivant cela sur son agenda a peu de risques de détourner les administrés de sa candidature à un second mandat. "D'une certaine manière, ce qui est gratuitement mis à notre disposition est notre propriété, mais pas sous la forme individualiste et brutale héritée du droit romain […] L'attachement « sentimental » au réseau gratuit […], le libre et plein usage qu'il ouvre à chacun inaugurent une éco-propriété solidaire, dont on use sans en abuser, qu'on s'approprie en intelligence avec les autres." Une philosophie néomarxiste qui a plus ou moins motivé une vingtaine de

1. Magali Giovannangeli et Jean-Louis Sagot-Duvauroux, *Voyageurs sans ticket : Liberté, égalité, gratuité, une expérience sociale à Aubagne*, éd. Au diable vauvert, 2012.

réseaux à passer eux aussi à la gratuité en France. Le vétéran est celui de Compiègne, qui a trente ans.

Tous ces iconoclastes, raillés par les pouvoirs publics, portent haut la bannière de la liberté, du droit, de l'accès à tous et, plus techniquement, du report modal réussi. Dans la réalité, observée ailleurs dans le monde, la gratuité profite aux retraités et aux scolaires, et surtout aux piétons. L'arme absolue contre l'auto se retourne contre la première victime de celle-ci. Dommage. En outre, l'augmentation de la fréquentation est telle qu'il faut aux AOTU accroître l'offre en bus, ce qui creuse encore un peu plus le déficit créé par la disparition des tickets. Mais les pauvres peuvent au moins emprunter les transports publics sans avoir besoin de frauder, les autres aussi, d'ailleurs, riches compris, parce qu'ils n'ont plus à tenter de comprendre quelque chose à la tarification. Difficile de se faire une opinion sur le sujet très conflictuel de la gratuité des transports.

C'est plus simple à propos d'une révolution bien silencieuse, le "post-paiement". À Tours et à Belfort, les gestionnaires des TC se sont un jour trouvés interloqués devant l'imbroglio des tarifs. Ils se sont posé la question qui s'allume dans l'esprit de n'importe quel usager occasionnel : est-ce que je prends un ticket, un aller-retour, un carnet, un billet "journée", un ticket "24 heures", un abonnement hebdomadaire, mensuel, pour que ça me revienne moins cher ? La réponse est tellement limpide qu'on se demande pourquoi personne n'y avait pensé avant. "Et si l'on payait après avoir pris le bus ?!" Comment cela après… pas avant !? Mais cela encourage la fraude ! Non, car le voyageur s'enregistre, il lui est alloué une carte. À la fin du mois, le gestionnaire lui envoie la note, débitée sur son compte le mois suivant. Une note calculée au mieux de ses intérêts, en fonction de son usage réel des TC. Au maximum, il paiera donc le prix de l'abonnement mensuel. Pas de monnaie à avoir, pas de queue au guichet, pas de remue-méninges pour comprendre la grille tarifaire. Mise en place en 2007 et 2008 dans ces deux villes, cette souplesse toute bête a entraîné une hausse d'un tiers de la fréquentation. Angers s'y est mis en 2011. Metz, Nîmes, Dijon et Lille y réfléchissent.

Il semblerait quand même que, pas plus qu'un tramway tout neuf ou des pistes cyclables infinies, elle ne suffise au "report modal". Le transport en commun, c'est un tout. Jean Sivardière, président de la Fnaut, fait part de son analyse dans un rapport du Certu sur le sujet : "L'expérience montre qu'on n'a pas besoin de la gratuité pour remplir les bus, mais de la volonté politique nécessaire pour maîtriser et réduire la circulation automobile. Dès lors que la tarification reste modérée, ce qui compte pour attirer l'automobiliste, c'est la bonne couverture du territoire par le réseau, la fréquence, la vitesse, l'amplitude horaire, le confort, la sécurité… et la limitation de la vitesse automobile et de la capacité des parkings centraux. Pourquoi subventionner les usagers solvables ? La gratuité des transports doit être réservée aux usagers à très faibles revenus[1]."

Voilà, en quelques phrases, résumé tout ce livre.

---

1. http://www.certu-catalogue.fr/mobilites-et-transports-le-point-sur.html

ÉPILOGUE

Demain, il neigera chaque jour sur Brunoy. Demain, il neigera même beaucoup sur les villes d'Europe. Demain, en ville, la voiture sera aussi discrète et mesurée que le piéton aujourd'hui. Demain, nous aurons le choix, parce que nous en aurons eu envie : nous nous déplacerons d'un coup de smartphone, sans nous soucier du moyen ni du type de tarif. Demain, nous ne serons plus seuls dans notre auto, qui, d'ailleurs, ne sera plus forcément nôtre. De même que demain nous produirons une partie de notre énergie en commun, nous partagerons aussi une auto achetée en commun. Demain, nous aurons moins à nous déplacer autrement qu'à pied et en vélo parce que, demain, les distances auront été raccourcies. Demain, l'on toussera encore dans le RER D, mais au moins pourrons-nous y travailler. Demain, l'auto fera encore rêver parce qu'on ne lui demandera plus de tout faire.

Demain est toujours beau quand on puise à l'encre de nos envies. La tendance est néanmoins sûre : les temps ne sont plus au tout-automobile. D'une façon ou d'une autre, les collectivités sont en train de déterminer le nombre maximal de voitures pouvant emprunter leurs chaussées. De fait, les États mettent fin à cette dérive de nos libertés qui est, était, le principe d'auto-mobilité. L'auto-mobile ne sera plus le pouvoir simpliste de tourner la clé de contact, mais celui de continuer à vivre tout en se déplaçant, comme on continue à lire sans penser à l'escalier roulant qui nous emporte. Communiquer, aimer, travailler, partager, flâner, que l'on soit chez soi ou en mouvement. La vitesse ne sera qu'un vecteur ; la distance, une légère suspension. L'alter-mobile sera l'automobile débarrassé de la sensation de puissance.

On roulera, toujours, et heureusement. Beaucoup moins dans les agglomérations denses, entre les métropoles et leurs banlieues autonomisées en villes moyennes. Toujours autant là où le transport en commun ne sera jamais efficace. On roulera dans l'auto d'un tiers, d'une société, éventuellement dans celle qu'on aura achetée, mais dont on n'aura pas acquis l'ensemble, seulement un kilométrage tout compris. Dans quelle auto ? Elle ne puera pas le diesel, qui aura été interdit. Elle sera à essence, allégée pour la faire moins consommer, raccourcie et amaigrie pour lui permettre de se garer ; elle sera hybride, pour gagner encore en consommation et être autorisée à emprunter les centres-ville fermés au bruit et à la pollution. L'hybridation n'est pas une révolution, c'est juste une rationalisation du fonctionnement du moteur thermique permettant à celui-ci d'augmenter son rendement. Ces petites autos à essence et à moteurs électriques, un dans chaque roue, consommeront deux ou trois litres aux cent kilomètres. Quelques-unes seront tout électriques, mais elles seront rares. Il n'est pas impossible qu'un nombre croissant soit mû par le gaz naturel liquéfié, source d'énergie majeure de demain. L'hybride-gaz sera peut-être la star du Mondial de l'auto de Paris édition 2025.

Communicante, évidemment, la voiture. Parce qu'on covoiturera alternativement, il s'agira que l'on puisse continuer à y vivre tout en se déplaçant. Dans l'auto comme dans le train, le métro, le tramway, le RER et les centrales de mobilité. Le temps ne sera plus perdu. Ce n'est déjà plus un drame, aujourd'hui, lorsque le TGV ou le TER est en – léger – retard. Car l'usager équipé peut continuer à travailler. Le retard, parfois, lui est même favorable. La prise électrique à côté du siège a brisé le mythe de la vitesse ! La course est terminée. Et même dans l'avion, pour des questions de consommation de kérosène, de bruit et de sécurité : la vitesse des avions de ligne ne bouge plus depuis vingt ans, elle a même diminué pour les lignes les plus courtes, où l'hélice est revenue en force. Le TGV à 300 km/h a rogné les ailes des plus gros avions partout où c'était possible. Ce qui pouvait être fait l'a été. Demain, les trains rapides seront moins rapides, ils rouleront à 200 km/h, peut-être 250, sur des voies banales modernisées. Ils auront tous des prises…

Demain, il faut espérer que les trains de banlieue et les affreux autocars soient à même d'adoucir pareillement leurs inévitables manquements. Mais alors, le risque sera grand pour les autorités organisatrices des transports de ne point faire d'effort de fiabilité. Puisque le retard profitera. Méfiance !

En fait, c'est la notion même de vitesse qui est en train de changer. Il n'y a plus autant d'intérêt qu'avant à relier en moins de trois heures des métropoles aux capitales, puisque l'urgence est évacuée par la capacité, numérique, de maîtriser le temps. Travailler chez soi, ou, pour les patrons peureux et les salariés effrayés, dormir une fois par semaine au bureau limitera de toute façon le nombre de longs déplacements quotidiens.

Quelle sera la mode ? Car, en matière de transport, il y a des modes. Dans un pays d'ingénieurs comme la France, la mode est toujours liée aux infrastructures. Au lourd. Au génie civil. Le tout-voiture a cohabité avec le tout-TGV, avant d'être ringardisé par le tout-tramway. Des techno-béats, pseudo-lanceurs de tendance, nous promettent le tout-électrique, préalable au tout-hydrogène. Ou bien le tout-vélo, à assistance électrique, naturellement. L'écologie mal digérée se résout en hygiénisme, où tout est blanc, bleu, vert, propre, sans bruit ni odeurs, avec des sourires partout, du bio dans l'assiette mais surtout pas de viande.

Alors, quelle mode pour quel mode, demain ?

Le mieux est qu'il n'y en ait pas. Pas un mode dominant. La mode sera donc celle de la culture du transport public. Point d'infrastructures nouvelles en béton, mais une infrastructure informelle, une toile d'araignée de coopération, d'échanges de véhicules et d'idées, d'informations et de pratiques, tendue par le réseau numérique entre tous les nœuds du réseau de transport. Chacun coopérera, se proposera, recherchera, l'individu sera transporteur une heure, transporté un jour. Rien de novateur, c'est ce que les pays pauvres vivent tous les jours avec les taxi-co. Les chauffeurs de taxi d'aujourd'hui, arc-boutés sur leurs licences, ont des soucis à se faire. Tant pis pour eux, je ne plains plus ces râleurs professionnels, qui refusent d'aller en banlieue la nuit, même pour une belle course, et qui, ailleurs qu'à Paris, vivent aux crochets de la Sécurité sociale.

Point trop de nouvelles infrastructures en dur, du moins en France, où la course au temps a été gagnée. Les villes sont équipées de tramways et de bus en site propre, le TGV a couvert le pays de son maillage de trois heures, ce qui reste à relier serait trop cher. Quelques infrastructures nouvelles tout de même, pour agglomérer un urbanisme à nouveau planifié à l'échelle d'un territoire de vie et fixer la démographie à venir. Formidable inversion de tendance : le transport public ne s'essoufflera plus à relier des vides, car il sera le grand attracteur de la densité. C'est à partir de lui que l'on pourra urbaniser, réaménager un territoire. Afin de laisser la terre agricole respirer et de ne plus fabriquer de relégués de l'essence et du fioul. Demain, c'est la campagne et le social qui s'imposeront à la ville en l'enserrant dans des limites fixées par l'économie de ressources et l'accès du plus grand nombre à un logement.

La fin du tout-voiture est la victoire paradoxale de l'individualisme auquel il est associé. Car ce n'est pas dans l'auto que l'individu exprime son individualité. Il n'y fait rien d'autre que conduire en évitant l'accident, dans un prolongement de lui-même où sa civilité disparaît au premier refus de priorité. C'est plutôt dans un moyen de transport public, que sera aussi l'auto dès lors qu'elle sera partagée, que l'individu sera lui-même. La fin du tout-auto marquera en cela l'arrivée dans l'âge adulte. Peut-être emportera-t-il avec lui le salariat et la propriété, les deux autres piliers du capitalisme.

En louant, en partageant une voiture, on ne la possède plus. On découvre alors la liberté de ne pas posséder, celle de jouir de l'usage. En travaillant chez soi et partout où l'on va, on découvre la liberté de s'organiser, de gérer son temps comme on le souhaite. Le lien d'assujettissement au travail se distend, le contrat pointe son nez pour se substituer à la convention collective, la prestation de service au salaire. En aménageant les territoires de façon à ce qu'ils soient plus denses en logements, plus intenses en commodités, on diminue le prix du foncier, qui n'est plus alors une rente. Pourquoi alors acheter son logement ? Et si l'on n'achète plus, on ne contracte plus de crédit, c'est-à-dire qu'on ne fait plus vivre les taux d'intérêt, sans lesquels l'économie financière n'est rien. Dès lors qu'on fait basculer l'icône automobile vers la banalité d'un moyen de transport, on menace d'ébranler l'édifice social fondé sur ce que l'automobile suppose : la possession et le salaire. Quand un tabou a été brisé, rien ne s'oppose à essayer d'en frapper d'autres. Qui sait où cela va nous mener ?

L'organisation politique en est un. Enfin fédérées en syndicats mixtes s'occupant de la mobilité à l'échelle d'un bassin de vie en évolution, les AOTU françaises, rebaptisées par un vote au Sénat du 13 juin 2013 "autorités organisatrices de mobilité durable (AOMD)", pour leur donner les moyens de développer tous les types de transport, y compris la marche, pourront mutualiser les moyens et décider plus vite. Le ver de la révolution sera alors dans le fruit. Car, avec ces organismes de la taille d'une métropole, d'un département ou d'une région, les petites villes seront ridicules : 37 000 maires d'autant de communes discutant de tout, se battant pour tout, détenant chacun le pouvoir de l'urbanisme, stop ! Par le biais du transport et, plus généralement, du "développement durable", la décentralisation a trouvé un moyen de s'achever et les collectivités locales une façon de discuter d'égal à égal avec l'État. L'étape majeure sera d'en finir avec ces 37 000 communes, qui sont autant de paroisses de l'Ancien Régime. Un syndicat mixte ? Une agglomération, un maire, beaucoup de réunions publiques. Et un État fort qui encadre et décide pour l'avenir commun. Là, c'est mal parti, à voir la bêtise des dirigeants, incapables déjà de décider quoi que ce soit pour l'avenir énergétique ou agricole du pays.

Notre monde va mal, et c'est extraordinaire d'y voir les signes qui, réunis, font voir ce qu'il sera demain. L'auto est à la fois le symptôme et le remède. L'inéluctable adaptation à des climats bouleversés, la certitude qu'il nous faut dès aujourd'hui préserver ce qui n'a pas de prix, de la biodiversité à la qualité de l'air, interdisent la fuite en avant. Le fait que l'Occidental ne considère plus la voiture personnelle comme l'accomplissement de sa réussite et l'affirmation de son ego permet de considérer avec optimisme que la fuite en avant n'est plus dans nos actes réflexes. Comme dans n'importe quelle société soumise à des contraintes menaçant son existence (celles-là seront climatiques, énergétiques, écologiques et sociales), la nôtre aura pour piliers nouveaux l'optimisation, la massification, la mutualisation et la coopération.

Mais qui l'organisera, cette société moins agressive ? Car, enfin abouti en individu citoyen, participatif et coopératif, *Homo mobilis* sera un humain augmenté qui devra ses déplacements fluides et inconscients à une créature numérique animée par des flux électroniques auxquels il participera, mais qu'il ne pourra pas contrôler. Les agglomérations de demain seront plus vivantes, plus vivables, parce qu'elles seront peuplées d'individus responsabilisés par leur autonomie ; leur fonctionnement n'en sera pas moins remis à des algorithmes qui échapperont à la plupart. Plus que jamais, pour accompagner l'après tout-auto, il ne faudra pas oublier que notre avenir procédera de nos choix, pas d'un système. La voiture, c'est décidément très politique.

Livre écrit à Brunoy, à Grasse et dans une trentaine de villes où le train m'a conduit pour causer, écouter, regarder, essayer, comprendre.

BIBLIOGRAPHIE

BAILLET, J.-M., *Le volant rend-il fou ? Psychologie de l'automobile*, L'Archipel, Paris, 2006.

BAUDRILLARD, J., *Le Système des objets*, Gallimard, Paris, 1968.

BONNET, M. et DESJEUX, D., *Les Territoires de la mobilité*, PUF, Paris, 2000.

BU, L. FONTANÈS, M. et RAZEMON, O., *Les Transports, la planète et le citoyen*, Rue de l'Échiquier, 2010.

CHAUVIER, E., *Contre Télérama*, Allia, 2011.

CORNAERT, J.-J., *L'Avenir de l'automobile, 25 questions décisives*, Armand Colin, 2010.

DÉBRY, J.-L., *Le Cauchemar pavillonnaire*, L'Échappée, 2012.

DEMOZ, F., *La Voiture de demain. La révolution automobile a commencé*, Nouveau Monde éditions, 2010.

DUPUY, G., *L'Auto et la Ville*, Flammarion, coll. "Dominos", Paris, 1995.

DUPUY, G., *La Dépendance automobile*, Economica, Paris, 1999.

ENDERLIN, S., *Volt ! La voiture électrique sauvera-t-elle le monde ?*, Seuil, 2012.

GOLDFLEM, F. de, *L'automobile est l'avenir de l'homme*, Larousse, coll. À dire vrai, 2009.

GRAVIER-BADREDDINE, D., *Les Transports*, Mes premières découvertes, 2009.

HAMELIN, E. et RAZEMON, O., *La Tentation du bitume. Où s'arrêtera l'étalement urbain ?*, Rue de l'Échiquier, 2012.

MIRABEL, F. et REYMOND, M., *Économie des transports urbains*, La Découverte, 2013.

ORFEUIL, J.-P., *Je suis l'automobile*, Éditions de l'Aube, La Tour d'Aigues, 1994.
ROBY, F., *Vers la voiture sans pétrole ?*, EDP Sciences, 2006.

Webographie :

Les nombreux organismes, entreprises et laboratoires cités dans le texte ont tous un site Web, accessibles *via* leurs références bibliographiques indiquées en notes, ou, tout simplement, en tapant leur nom sur un moteur de recherches.

Un blog de référence :
http://transports.blog.lemonde.fr, d'Olivier Razemon.

Également :
http://le-transport-et-moi.wk-transport-logistique.fr/blogs/
http://transport.dna.fr
http://transportsdufutur.typepad.fr/blog/
http://transport.blogs.liberation.fr
http://transid.blogspot.fr
http://transport-et-logistique.blogspot.fr
http://trafics.wordpress.com

À voir aussi, les prises de position de l'auteur :
Fredericdenhez.fr
territoiresavenir.blog.lemonde.fr

ACTES SUD

Extrait du catalogue

série "Questions de société"

ANALYSES, ENQUÊTES ET RÉVÉLATIONS

Donner du sens au flot quotidien de l'actualité, proposer des analyses de fond et des enquêtes originales, démasquer les grands mythes, aller au cœur des conflits, chercher des alternatives – la série "Questions de société" offre un espace d'expression ouvert tant à l'investigation qu'à l'engagement.

Qu'ils abordent les grands enjeux géopolitiques (Inde, Iran, Russie, Afrique), les menaces pesant sur notre santé (surmédicamentation, génétique, sida, cancer) ou les effets collatéraux de certains choix technologiques (nucléaire, RFID, obsession sécuritaire, addiction télévisuelle, Internet, complexe agroalimentaire), nos auteurs s'opposent à la pensée unique et combattent la désinformation.

Pour de plus amples informations : la navigation par mot-clé
www.actes-sud.fr/rayon/sciences-humaines-et-sociales-sciences

DERNIERS OUVRAGES PARUS

Franck LEROY
RÉSEAUX SOCIAUX ET CIE - LE COMMERCE DES DONNÉES PERSONNELLES
Avril 2013 / 13,5 x 21,5 / 272 pages

Debra Lynn DADD
ALERTE AUX PRODUITS TOXIQUES
Octobre 2012 / 14,5 x 24 / 336 pages

Moïra SAUVAGE
GUERRIÈRES !
À LA RENCONTRE DU SEXE FORT
Mai 2012 / 13,5 x 21,5 / 320 pages

Jean-Philippe DESBORDES
MANAGEMENT CIRCUS
Avril 2012 / 13,5 x 21,5 / 160 pages

Øyvind STRØMMEN
LA TOILE BRUNE
Avril 2012 / 13,5 x 21,5 / 208 pages

Freeman DYSON
PORTRAIT DU SCIENTIFIQUE EN REBELLE
Novembre 2011 / 14,5 x 24 / 336 pages

Pavan K. VARMA
DEVENIR INDIEN
LA RÉVOLUTION INACHEVÉE DE LA CULTURE ET DE L'IDENTITÉ
Novembre 2011 / 14,5 x 24 / 288 pages

Marie GROSMAN et Roger LENGLET
MENACE SUR NOS NEURONES
ALZHEIMER, PARKINSON… ET CEUX QUI EN PROFITENT
Septembre 2011 / 14,5 x 24 / 288 pages

Christian FELBER
L'ÉCONOMIE CITOYENNE
UN MOUVEMENT A VU LE JOUR
Avril 2011 / 13,5 x 21,5 / 208 pages

Anne HEBERLEIN
JE NE VEUX PAS MOURIR MAIS EN FINIR AVEC LA VIE
EXPÉRIENCE BIPOLAIRE ET SUICIDE
Avril 2011 / 13,5 x 21,5 / 160 pages

Christine CASTELAIN MEUNIER et Francis MEUNIER
DE QUOI EST FAIT MON PULL ?
PAS À PAS VERS L'ÉCOCITOYENNETÉ
Janvier 2011 / 13,5 x 21,5 / 224 pages

Henri, Jean-Louis et Pascal PUJOL
QUESTION(S) CANCER
Novembre 2010 / 13,5 x 21,5 /192 pages

Hervé BOURGES
L'AFRIQUE N'ATTEND PAS
Octobre 2010 / 13,5 x 21,5 / 192 pages

OUVRAGE RÉALISÉ
PAR L'ATELIER GRAPHIQUE ACTES SUD
ACHEVÉ D'IMPRIMER
SUR ROTO-PAGE
EN AOÛT 2013
PAR L'IMPRIMERIE FLOCH
À MAYENNE
POUR LE COMPTE DES ÉDITIONS
ACTES SUD
LE MÉJAN
PLACE NINA-BERBEROVA
13200 ARLES

DÉPÔT LÉGAL
1re ÉDITION : SEPTEMBRE 2013
N° impr. : 85323
(Imprimé en France)